女子校礼讃

辛酸なめ子
漫画家・コラムニスト

705
中公新書ラクレ

はじめに

このたびは、本書を手に取っていただきありがとうございます。いまだに魂の一部分が女子校をさまよっている辛酸なめ子と申します。『女子校育ち』（ちくまプリマー新書）という本を出してからもう10年近く経《た》っているという時の流れの早さに驚きを禁じ得ません。当時と比べると、「女子校っぽさ」の受け止められ方の変化を感じています。本書を編集してくださった兼桝さん（女子校出身）も指摘していましたが、若い世代になるにつれ、「女子校出身者」としての自虐は不要になり、世間からもポジティブに受け止められているようです。

10年以上前は、女子校出身者は、気が利かないとか、かわいいものを素直にかわいいと言えない、キツい、怖いなどと言われがちでした。もちろん今でも言われることがありますが、そこまで敬遠されたり怖がられなくなっているような……。

そこにはいくつかの理由があるように思います。まず、多様性が認められる世の中になってきたことと、ジェンダー表現に対する世間の目が厳しくなり、性的な役割や変な固定観念を押し付けられることが減った、ということなどが考えられます。一昔前はサラダを取り分けるのは女性が暗黙のうちに行っていましたが、昨今は性別問わず取り分けたい人がやっているように思います。こうやって細かい部分から少しずつ解放されていって生きやすくなっている感があります。

また、雑誌によるキャラのカテゴライズがほとんどなくなって、女性がより自由に生きられるようになった、というのもあるかもしれません。むしろ1人の人が、SNSによって器用にキャラを使い分ける時代に。例えばツイッターとインスタグラムで自虐と映えの使い分けをして、自分のキャラを固定する必要がなくなりました。そのため「女子校出身だから気が利かなくて……」と常時自虐モードにならなくてもよくなって、例えばインスタグラムでは華麗な同窓生とのキラキラした交流の様子をアップしたり、ツイッターでは悩みを書いたり、自慢と自虐のバランスを取れるようになりました。

そして、女子校のイメージアップに貢献しているのは、女子校をイメージした乃木坂46、欅坂46などのグループアイドルの活躍もありそうです。アイドルたちがある時はワイルドに、ある時はお嬢様っぽく表現活動している姿が憧れを集めています。最近のアイドルは同性からも強く支持されています。女子だけの集団で生まれる友情や青春がポジティブに受け止められるようになりました。

このような流れで、女子校育ちと言えるようになったのなら、女子校を礼讃する一卒業者としても嬉《うれ》しいです。それでは、昨今の女子校取材のレポートをご高覧ください。

目次

第二章　女子校の知られざる真実

第三章　女子校潜入記……157

本文DTP／今井明子

"女子校度" チェックシート

- □同性に対して警戒心を持たず、平和に接する
- □結婚式やクリスマスで讃美歌《さんびか》や聖歌をはりきって歌いがち
- □身近な男女の関係について妄想を膨らませてしまう
- □異性と友達になってもずっと敬語で話してしまう
- □異性をつい見た目で選んでしまう
- □万一の時は修道院か尼寺に駆け込みたい
- □彼氏よりもおもしろい彼女でありたい
- □ハンカチがなくて直しているふりして髪の毛でふいたことがある
- □厳しい規則に抑圧されると反動ではじけてしまう
- □色気が出せないかわりに品格フェロモンが漂う
- □同性の友人とはスキンシップ多め

○が
10〜11個
のあなた

さては現役生では

勉学に部活に友情にとお忙しい中、この本をお手に取っていただきありがとうございます。これからの日本をよろしくお願いいたします。

○が
6〜9個
のあなた

女子校度はなかなかのもの

もしかすると女子校出身者でしょうか。第三章を読み、好きな女子校に思いをはせてください。今後も互いにヴァイブスを高めあって参りましょう。

○が
2〜5個
のあなた

まだまだ発展途上

女子校についての知識が不足しているようです。日々の暮らしをより豊かで実りあるものにするために、第二章を読んでディープな女子校の秘密を知りましょう。

○が
0〜1個
のあなた

いちから勉強が必要

女子校について、全く分かっていないようです。第一章からこの本をくまなく読み、女子校の何たるかを学習しましょう。あなたの人生に「女子校」が必要ないのであれば、それはそれで幸せなのかもしれませんが……。

女子校礼讃

第一章

女子校、その光と影

女子校の思い出　光と影

女子校を志した理由

女子校の人気にかげりが出ている……。そんな話を耳にして、何とかしなければという思いに駆られています。本書では女子校の魅力について綴《つづ》っていければと思います。まずは私の昔話になってしまいますが、お付き合いいただけましたら幸いです。

女子校を志したのは自然な流れでした。当時、埼玉の小学校に通っていたのですが、2回も転校したこともあって、運動が決定的にできない私は、時々いじめられることがありました。「こんな、体力で決まる弱肉強食の世界から早く抜け出したい……」という思いから、女子校出身の母の影響もあって、中学受験をする流れになりました。

まずは、四谷大塚に入るための塾（埼玉県内）に何か月か通い、無事に会員になることができました。それからは週1回だけ四谷大塚の模試に通い（経済的にそんなに余裕がなかったので）、あとは家で地道に勉強。

四谷大塚ではそれなりに東京での塾体験をエンジョイしていて、後年四谷大塚の手帳を見たら、チューターの男子大学生に連絡先を聞きまくっていて、彼らに書いてもらった名前や誕生日、チャームポイントなどのリストが並んでいました。これから女子校で男子のいない世界に行くので、それまでに青春を体験しておきたかったのかもしれません。

そんな半端な学習態度で合格できたのは、太宰府天満宮の鉛筆と、母が願掛けして長期間電車の座席に座らないで合格を念じてくれたおかげだと思っています。

女子校で感じた格差

そしてなんとか入学した、女子学院中学。校則は四つしかないというのが特徴で、ＪＧ（女子学院）バッジを付ける、指定の運動靴を上履きとする、登校後の外出は禁止、校外活動は届け出る、といったものでした。自由な校風で上履きがなぜ指定されていたのかは謎ですが、登校後の外出が禁止になったのは以前、学校を抜け出して交通事故に遭った先輩がいた、という話がまことしやかにささやかれていました。しかし、こんな四つしかない校則も、結局私は破ってしまうのですが……。

入学した当初は緊張していて、おとなしく過ごしていました。埼玉から通っているのはクラスに1人くらいで、ほとんどは都内から通学。自分以外はみんな洗練されているように見えて、気後れしていました。

最初に知り合った後ろの席の子が、お父さんが社長でお手伝いさんがいる、と話していたのもカルチャーショックでした。なぜ勉強ができるだけでなく、裕福で、おしゃれで、運動も美術も音楽もなんでもできる子がいるのか……。入学からほどなくして、私はこの世は不公平であることを知りました。

合格して調子に乗りかけていた気持ちが、急速に収縮してゆきました。それくらいみんなオールマイティーで、よく見たら顔もかわいくて、全てを兼ね備えていたのです。彼女たちと自分の境遇を比べて、中学生時代に挫折を味わったことは、大きな学びだったかもしれません。

男子からの解放感と一抹の淋しさ

女子学院を志望したのは、文化祭を見学した時、自由な校風で楽しそうだったのと、プールがないというのが大きなポイントでした。水が苦手で全く泳げない私は、小学校ではプールの授業に苦しめられ、また心ない女子に顔を水に押し付けられ、溺《おぼ》れそうになるというトラウマ体験もあり、ぜひ中学ではプールがない学校に行きたいという願いがあったのです。

女子学院にはプールがなく、体育の授業もそんなにハードではないのが魅力でした。公立の中学に行っていたら、泳げないぶざまな姿を男子にもさらしていたかと思うと、ぞっとします。

女子学院にないものは、プールだけではありませんでした。前述の「校則がほとんどない」、そして「制服がない」「いじめがない」（基本的に）というのも特筆すべきポイントです。

「制服がない」のは、好きな服を着ていける反面、センスが如実に表れてしまう油断できない一面も。やはり、おしゃれさが女子のヒエラルキーにつながってしまうという事実は否めません。服がダサかった私は、なかなか人気者グループに入れませんでした。でも、派閥の力関係はあっても「いじめがない」のが女子学院の特長でした。

自己主張ができて、もしかしたら小学校ではウザがられていたくらいのキャラの女子が集まっていたからかもしれません。お互いの個性を認め合う空気がありました。

そして女子校なので当たり前ですが、「男子がいない」というのは大きいです。これは、メリットもデメリットもあります。

メリットは、埼玉の小学校で、私に石を投げてきたような荒くれ者の男子がいないので、

女子学院中の入学式。前列中央の顔色が悪い女子が私です

いじめの危険が減るということ。そして男子をめぐる女子同士の争いがないので、平和です。また、女子だけで力仕事でも何でもやるのでタフになります。先日、女性誌の撮影で、女性だけの現場で机を運ぶ時に、つい男性がいないか探してしまった私は、随分軟弱になってしまったと嘆かわしく思いました。

男子がいないデメリットというと、これを書くことで女子校人気の低下に加担してしまわないか不安ですが、異性を見る目が養われないとか、大人になって男性に愛嬌《あいきょう》を振りまけない上、威圧的な態度を取ってしまうとか、もしくは自意識過剰になってしまうなど、いろいろあります。

女子校に入ったばかりの私にとっては、男子がいないのは平和な反面、張り合いがなく淋《さみ》しかったです。小学校時代の女友達と文通し、小学校で一番マセていた○○さんがもう10

0回くらいキスしたらしい、とか、修学旅行で男子の部屋に忍び込んだ話など聞いて、羨ましがっていました。

しかし今考えると、恋愛にエネルギーを取られなかったことで、勉強や表現活動に力を注げて良かったかもしれません。女子校ではフェロモンを温存し、生きる力を養われました。あの6年間が生命力の源泉になっているように思います。

広島女学院出身の友人が語った、女子校処世術

自由な校風で面倒見もいい

女子校出身の人とは何となく気が合い、自然体でいられる感じがして、それは同性に対する平和な感情を感じ取ったりするからかもしれませんが、中でも友人として親しくさせていただいているのが広島県の名門、広島女学院出身の漣さんです。牧師の資格を持ちながら、スピリチュアルな活動に携わったり、英語も堪能なデキる女性なのですが、なんと広島女学院では生徒会長にもなっていたそうで……。当時の女子校ライフについて伺いました。

「生徒会長になったのは、執行部に入っていて、その中でじゃんけんに勝ったから。帰国子

生徒会長の眼力を感じさせる漣さん

(卒業アルバムより)

女枠で入ったのでとくに優等生ではありません。小論文ができたくらいで、他のみんなみたいに勉強ができたわけじゃなかった。普通に学年最低点とか取ってました」

でも、当時の卒業アルバムの写真を見ると存在感があるというかカリスマ性はあったように見受けられます。

「卒業するときお互いノートにメッセージを書いてもらう風習があったんですが、その時に『正直すごい怖いと思ってました』と書かれていて、アグレッシブだったから怖いと思う人もいたんだな、と思いました。先生とケンカしたこともありました。泣きながら図書室に行ったら校長室に連れて行かれて、校長先生とは仲が良かったのでそこでいろいろ訴えた記憶が。友達からは冷静に『先生っていうのは変わり者がなるから相手にしちゃいけんよ』ってアドバイスされて衝撃を受けました（笑）」

校長先生と仲良しというのもすごいですが、クールな友達も大人ですね。女子校の多様性を感じさせるエピソードです。

「私は成績が悪くて留年しかけたんですよ。理系も苦手でしたが日本史がとにかくできなくて、赤点赤点で私のためにだけ追試を作ってもらっていました。私はクリスチャンなので日本史の先生はわざわざキリスト教に関係がある問題を作ってくれたり。なんとか卒業させようとしてくれる面倒見がいい学校でした」

成績が悪くてもとくに劣等感を覚えることはなかったそうです。学校の空気が平和だったからでしょうか。漣さんの言葉のはしばしから母校愛があふれていて、良い学校だったことが伝わってきます。卒業するとき、関わった全員の先生に手紙を書いたりするほど熱い思いを抱いていたそうです。

「自由な校風で立地も街中にあって便利でした。何より女子校で良かったです。あと、私はキリスト教教育が良かった。宗教の時間や讃美歌などが思い出深いです。毎朝の礼拝でパイプオルガンが聴けるのは贅沢だったと思う。そして6年間一緒に成長する友達がいて、お互い多感な時期にそれぞれの成長を見守ることができて良かったです。先生たちも見守ってくれて安心感の中ですごすことができました」

女子の人間関係の洗礼

でも、その境地に至る前は、いろいろな試練や学びがあったようです。帰国子女だった漣さんは自己主張が強く、中学入ってすぐの頃は部活の人間関係で苦労したとか。

「帰国子女で生意気じゃないですか、中1でバスケ部で、同級生に無視されたり仲間外れにされました。部活やめるのが悔しいから気付かないフリを徹底したんです。それから、神様にお祈りしました。『言い返さない性格にしてください』って。そうしたら自然と言い返さない性格になって打ち解けていきました。1年くらい経ってから、あのときいじめられてたの気付かなかったでしょ？　って言われましたが……」

いじめの対処法「気付かないフリをする」「神様に祈る」、これは結構有効かもしれません。いじめっ子の低い波動に合わせず、神様に助けを求めることで、良い方向に導かれたのではないでしょうか。漣さんはポジティブな見解を示されました。

「あのとき女子の怖さを知って、女子の中で生き抜く力を得られたのはすごい良かったと思う。基本的に女の人を敵に回すのは損だなとわかりました。生きづらくなってしまう。社会に出ると、それでも嫌いな人がいたりしてどうしようもない時があるけれど、男の人は敵に回しても女の人は敵にしない、というのが徹底しました」

たしかに女子校で過ごすと、女の先輩だったり同級生だったり、様々なもめごとや難しい局面を通して、処世術を体得することができる気がします。

部活の人間関係を通して成長した漣さんは、とらわれない自由人になっていきます。

「高2か高3のとき、派手なグループと一緒にお昼ごはんを食べていたんだけど、ある日『私、抜けるから』と宣言しました。理由は、卒業まで残り少ないのでもっといろんな人と一緒にお昼を食べたいと思ったから。でも、そのグループと急にお昼を食べなくなったことで、みんなにいじめられてると思われて『大丈夫？』とか言われましたが……。それから、優等生だったりオタク系だったりいろんなグループと交流しましたね。私は不思議とどのグループとも仲良くできたんです」

せっかく人気者グループにいたのに、抜ける宣言するとは……。私だったらできるだけ長くそのグループにいたいと思ってしまいます。漣さんはグループから抜けたあとも円満だったそうです。そのような境地に至りたかったです。

男子の前で態度が変わるのアリ？

「女子校では異性の目がないから個性が爆発する、というところがあって、大学に入ったらブランドのバッグを持った同じようなメイクにファッションの女子だらけで、つまんないと思いました。社会に出たり、共学の学校に行ってから、はじめて女子校出身者は変わってる、とわかるんです。例えば彼氏ができはじめて女子校の子と集まると下ネタのあけすけ感がすごかったり。無邪気に開き直っている感じです」

女子校出身者は、全く下ネタに触れないタイプと、中学生男子のように無邪気に盛り上がるタイプにわかれるのかもしれません。私も20代までは下ネタに走りがちでした……。さらに漣さんによると、女子校と共学出身者にはこんな違いが。

「大学に入ってからやっぱり仲良くなる子は女子校上がりなんです。なぜなら女子との約束を守るから。共学の人は、自然に、男子との約束を優先し、それが共学同士では暗黙のルールで許されるんです。男の前と女の前で態度が変わらないのが女子校で、変わっても許されるのが共学だとも感じました」

女子校出身の場合意識しすぎて男子の前で挙動不審になる、という変わり方をする場合もあります。共学出身の女性の、異性に自然にフレンドリーにできる感じには羨ましさもあります。先日、ずっと共学だったという大手広告代理店の女性がこう言っていました。「見た目がタイプじゃなくて中身が好きな男性とはずっと友達でいられる」と……。そんな感覚、この年になるまで気付いていなかった自分が不甲斐ないです（まず、男性を「キモい／キモくない」で分けがちだったことを反省）。共学では共学の、処世術や男女の適度な距離感を体得できるのでしょう。

ともかく、女子校では女同士の信頼関係が築きやすいというのは確かです。多感な時期を6年も一緒に過ごすと幼なじみといっても良いくらいです。さらに漣さんの同級生は似通った家庭環境の女子が多く、それが結束を強めていたとか。

「医者や会社経営者の娘が多かったです。広島はコミュニティーが狭くて、皆つながっちゃう。この前4人の同級生と会っていたら、私以外3人のお父さん同士が修道高校から慶応大学で一緒だったそうで驚きました」

父親が慶応大学に進学する率が高く、広島に戻って家業を継ぐ、というパターンが多いそうです。同じタイミングで娘さんが生まれるというのも驚きです。もはや運命共同体のようです。

「私のアイデンティティーは女子校にあると思っています。広島女学院はディープでした。大学はヤバさがぬるかったです」

という漣さんの言葉には共感してしまいます。人生の核となる時期に、濃い体験をできたことによる効果と副作用、両方あると思いますが、ときどき脳内で女子校の思い出をフラッシュバックさせながら、世知辛い日常を何とか乗り越えていきたいです。

カトリック系名門校の秘密の授業

校長先生じきじきの「伝説の授業」

以前ちょっと出演させていただいた、女子校について語るネット番組の制作会社の女性、Tさんが「私も女子校出身なんです」と話していて、ちらっと聞いた限りでも、部活の合宿にへリで参上した百貨店の令嬢のエピソードなど、かなりすごそうで、改めてお話を伺わせていただくことになりました。想像以上に激しいエピソードだったので、某カトリック系のお嬢様校と校名をぼやかさせていただきます。

「卒業したのは1993年頃。毎年、高3になると修道女の校長先生が授業を持ってくれます。当時で70歳くらいだったので、今はもう辞められている先生です。一応科目は宗教になるんですが、内容は独自のものでした」

校長先生じきじきに授業してくれるなんて、あまり聞いたことがないです。私の母校では院長先生はクリスマスのときにサンタのコスプレをして教室を回ってくるくらいでした。畏《おそ》れ多くも校長先生の授業を受けられるなんて貴重な機会で羨ましいです。

「高校の最後、巣立っていく女子に対し、強い責任感をお持ちだったのでしょう。宗教の授業のはずなのにほとんど聖書は開かなかったですね。授業の内容は『どういう男性を選び、付き合っていくべきか』というものでした。卒業後も同窓生とその話題で時々盛り上がることもあるくらい、伝説的な授業でした」

修道女が男性選びについて教えてくれるなんてかなりシュールです。

男性選びといえば、以前別のミッション系女子校の卒業生を取材したときも、独特な授業をやっていたと聞いたことがありました。授業でビデオを見せられるのですが、その内容が、女性が窓を開けて赤い口紅を塗っているのを、窓の外にいた悪い男性がのぞき見していて、そのあと男性に襲われてしまうという、男性の性欲への注意喚起をするというものでした。ミッション系女子校の先生は、世俗から隔絶されることで妄想力が強まりがちなのでしょうか（ミッション系女子校の教師だった母にも、異性の危険性について注意されたものです）。

修道女の先生が教えてくれる男選びの極意は超現実主義

さて、Tさんが受けた修道女直伝の授業とはどういうものだったんでしょう。修道女の先生だから浮世離れした内容では……と想像していたのですが、実際は全然違ったようです。

「今でも強烈に覚えている授業があります。先生が、どういう男性を選ぶべきか黒板に書いてくれたことがありました。1、家柄　2、収入　3、人柄、と力強くチョークで書いていた姿が印象的でした」

当然のように容姿とかは入っていないですね。優しさとか内面的なものが上にきてもいいように思いますが、いきなり家柄とはシビアです。

「どういうご家庭で育ったのかを知ればその人が見えてくるそうです。基本は家柄、とおっしゃっていました。高3の女子にとっては衝撃的な内容で、教室がざわつきました。私もフィーリングとか優しさが重要だと思ってたので。こんなにはっきり言っちゃうんだ、ってびっくりしました」

でも、そういう現実に気付かせてくれるのも、あとあと考えればありがたいかもしれません。つい見た目で選んで甲斐性のないイケメンに引っかかる人も少なくないので……。他には授業でどんな話をされてたんでしょう。

「あとはワイドショー的な話も多かったですね。卒業生の実例をもとに。もちろんいい男性をつかまえた人の話もありますが、外れをひいてしまった失敗談が多かったです。例えば、お医者さまと結婚した卒業生のエピソード。『良い職業だと思いますよね、でも気を付けましょう』と、先生がノリノリで語ったのは、医者の夫が医療ミスをして進退に窮し、思い詰めた表情で、妻に一緒に死んでほしいと迫った、という話です。『筋弛緩剤を入れた注射器を手に、一緒に打とうと言ってきて、命からがら逃げてきたそうです』というエピソードが忘れられません」

その女性はそのあとどうなったのか気になります……。

「ちょっと洗濯物取り込むから待って、と言ってそのスキに逃げ出し、修道院に駆け込んだそうですよ」

系列の修道院があるカトリックの女子校だと、卒業後、万一の時に駆け込めるから良いですね。

「他にも、実業家と結婚したけど実は破綻していて借金まみれで修道院に駆け込んだ卒業生の話も聞きました。何かあったら駆け込めるのが最終手段ですよね」

その校長先生もどうして修道院に入られたのか気になります……。

「修道女の先生は離婚した人や未亡人も結構いました。性格がキツめの人が多かったです」

修道女のいる学校に憧れていましたが、現実は厳しいようです。

「校長先生は良い結婚の話もしてくださったと思いますが、怖い話しか記憶にないです。宮家に嫁いだけどしきたりが大変で、しゅうとめとの関係に悩んだ人の話もありました。一見良い縁談でも油断できません。毎週ワイドショーみたいでした。同窓生と集まるとこの授業の話題になったりしますが、友人が覚えていた授業の内容もおもしろかったです。男性とは広く浅く付き合いましょう、というアドバイスとか……」

それは、淑女とは別の方向に発展してしまいそうです。

「でも同級生や後輩の話を聞くと、この授業を聞いといて良かったという意見があります。当時はブーブー文句言ってたのに。現実的な話をしてくださっていたんだと外に出てから思いました。それぞれ心に刺さる何かがあったんでしょうね」

話を伺って最初は、えっ？　と思いましたが、だんだん、女の人生にとって重要な、聞いておくべき話だと感じられました。授業を書籍化したら売れそうです。修道女の教えに興味を持つ人は多いのではないでしょうか？

今回お話を伺い、カトリック系女子校は修道院があるから精神的にかなり安心感が得られることがわかりました。学校選びのポイントになるかもしれません。

女子校における先輩推し文化

国民の憧れ、美智子さまも中学時代は

２０１８年の話ですが、上野公園でコンサート帰りの上皇后美智子さま（当時は皇后さま）と遭遇するという幸運に恵まれました。クラリネットの演奏を聴いたあと、晴れやかな表情で東京文化会館から出てこられた美智子さまは、エレガントなグレーのケープのツーピース姿でした。神々しく幽玄なグレーヘアと優美なハーモニーを奏でているようです。美智子さまは随行の人にお辞儀すると、黒光りするセンチュリーに乗り込まれました。５、６センチくらいのヒールの靴をお履きになっているのも素敵でした。若輩者の自分がフラットシューズに甘んじている場合ではありません。周りの女性たちが「皇后さま～！」と感極まっ

て叫んだり、「長い間ありがとうございました〜!」と大声でお礼を言ったりしていました。思わず私も「美智子さま〜」と声を上げてしまいました。美智子さまは永遠の憧れの存在です。女性として、人生の先輩として……。同性にも信奉される美智子さまは、女子校の出身でもあらせられます。今、国民に憧れられる美智子さまですが、聖心女子学院時代は、憧れる先輩がいらしたのです。

美智子さまが表紙の「女性自身　皇室SPECIAL増刊」(2019年1月25日号)に、その当時のお手紙が掲載されていました。15歳、中学3年生の上皇后美智子さま、(当時は正田美智子さま)が3学年上の憧れの先輩に送られたというもの。畏れ多くも部分的に引用させていただきます。

「何かの詩集で〝労働の為の一日　運動の為の一日　しかしその一日は友情の為には餘《あま》りにも短すぎる〟と云う詩を読んだことを記憶して居《お》ります」という知的な書き出しで始まったお手紙に美智子さまの文才と教養が現れています。文字も頭の良さそうな筆跡です。

「私達が中等科の一年に進級した時から三年間　何て歳月は早く経ってしまうものなのでしょう〝歳月人を待たず〟って申しますけれど　餘りにも短く想われる三年間だった丈に〝レ・ミゼラブル〟と歎息したくなります」

「ああ無情」という意味でしょうか。今も美智子さまのお言葉には、文学的な表現や暗喩が隠されていたりしますが、15歳の時から機知や教養に富んでいたことが察せられます。

「でもこの三年間（何度もくり返しますが）この手に負えない　おハネな私共をいろいろ御導き下さったことには本当に　三回まわってワンワンと百度位云う程　御礼を申し上げなければならないことと思って居ります」

と、ユーモアと感謝を交えられる15歳の美智子さま。おハネとはおてんば娘を表すようです。でも、後半はシリアスに、島崎藤村の詩を引用して先輩へ思いをつづります。

「風よ　靜かに　彼の岸へ　こいしき人？を　吹き送れ」

原文の詩に？を付けて、先輩への本気とも冗談ともつかない気持ちを表現。そして最後の一文は、

「御多々々々々々多幸を御祈り致します（私アブノーマルですから〝多〟を沢山書きました）」

と、ありました。先輩と美智子さまの間に、友情以上の感情があったような空気感が伝わってきます。頭が良くて機転がきき、おてんばで美少女な美智子さまのことを先輩もさぞかわいがっていたことでしょう。

川端康成「乙女の港」や、吉屋信子の小説にも書かれていますが、当時女子校では、上級

生と下級生が仲良しになることを「S」（シスターのS）と呼ぶカルチャーが密《ひそ》かに息づいていました。

内田静枝の『女學生手帖』（河出書房新社）にも、大正生まれの弥生美術館館長がフェリス女学院時代の思い出を語る文章が掲載。「二級上の綺麗な人」が好きで、彼女がよく放課後ショパンを弾いていたのを聴いていたけれど、もうすでに相手がいて割り込む隙がなかったとか。エス同士、素敵なレターセットに手紙を書いて下駄箱に入れて文通する風習があったそうです。ピアノとか文通とか美しい情景が浮かびます。

平成の女子校の風習に思いを寄せて

私が女子校に通っていた時も、先輩に憧れるという文化は健在でした。主に部活の先輩に疑似恋愛し、バレンタインデーにチョコを渡したり、先輩が部活を引退する時は花や手紙を送ったり……というピュアな交流です。私は美智子さまのような教養や機知が漂う手紙は書けませんでした。緊張して何を書いていいのかわからず、結局「体に気を付けてください」「受験勉強がんばってください」とつまらないことを書いてしまっていました。そう思うと、美智子さまは先輩に対して臆することなく、自分の世界観を表現していて、大物の器でいらしたことが拝察されます。

女子校の中には、モテて周辺の男子校から引く手数多《あまた》の女子校、男性教師が豊富でそれで事足りている女子校などもあり、そこでは先輩に憧れる風習はあまりないようです。それ以外の、男子と縁が薄い女子校では同性との疑似恋愛に発展する傾向が。

何年か前、女子校出身者を取材したとき、某有名お嬢様学校出身の女性が、「女子校で6年も過ごすと、『男に走る』『女に走る』『二次元に走る』にだいたいわかれます」と語っていたのが印象的でした。それにさらに「ジャニーズに走る」というパターンがあるかもしれません（私は憧れの先輩とかわいい後輩とジャニーズに思いを分散させていました）。

最近の女子校ではどんな感じなのでしょう。20代の、日本女子大学附属出身の若い女性にエピソードを伺いました。

「舞台系の部活が強いので、舞台に出ている先輩のファンクラブがあったりしました。宝塚っぽい部活があったので、その男役が人気でした。好きな先輩にプレゼントする子もいましたよ」

さすがプレゼントもお金がかかっていて、

「デカいぬいぐるみに先輩が着ていたのと同じ衣装を着せてプレゼントしたり。あとは先輩が欲しいと言ったデカい姿見を家まで持って行った子もいました」

本物の宝塚のスターを応援しているかのようなプレゼント内容です。ちなみに、かつては下駄箱で文通していましたが……

「私たちの時代はメールでした。メアドを聞いて、週末に会って遊んだりとか」

先輩にメアドを聞く……？　それはハードル高すぎです。下駄箱で良かったかもしれません。実体のないデジタルデータのやりとりよりも、手紙の方が情緒があって筆跡からも伝わるものが。

ただ、後世に残ってしまうというのが、黒歴史になる危険も。美智子さまのような完成された文章の手紙でしたら、後世の人も感銘を受けるのだと思いますが……。当時の思い出は、自分の中に封印したいです。

女子学院同窓会で年齢退行

1人ずつマイクで、皆の前で

同窓会に行く前はいつも緊張しています。過去の中高の同窓会を振り返ると、だいたい敗北感に包まれフェイドアウトした記憶です。昔観《み》た同窓会がテーマの映画で印象的だったのが「ロミーとミッシェルの場合」。高校時代、スクールカーストの下位だった2人の女性が、同窓会で成功者のフリをしようとするのですが、「ポストイットを発明したのは私よ！」なんてすぐバレる嘘《うそ》をついて玉砕する、というストーリーが身につまされつつもおもしろかったです。

私はそこまでホラッチョはかませませんが、同窓会のために服や靴など新調したものの、靴ずれでろくに歩けなくなったり、レンタルバッグ屋でブランドバッグを借りたら汚して顔面蒼白になったり、同窓会どころではなくなったことが何度かありました。また、母校・女子学院の、学年単位の同窓会では、以前「近況報告タイム」という恐ろしいプログラムがありました。1人ずつマイクで皆の前で、仕事の活躍や結婚などについて報告するというもの。私はその間トイレにこもってやりすごしたこともあります。20代の同窓会は、とにかく皆まぶしくてキラキラしていました。30代前半は、それぞれライフスタイルが変化。でも皆さん充実して輝いていました。30代後半は、キャラが煮詰まってディープになってきた感があります。40代は、もっとディープに、アクが強すぎる集団になっていたりしないかな（もちろん自分も含めて）、と半ばおそるおそる会場に向かったのです。

会場のイタリアンレストランの入っているビルは、休日のためオフィス部分は人気がなく、でもビルに入った瞬間からざわめきが聞こえてきました。お店に近づくにつれて、ガヤガヤという音が大きくなってゆきます。この音圧、そしてトーンは、あきらかに同級生のヴァイブス。年齢的にもっと声が低く割れていてもおかしくないですが、不思議とその声の塊は、中高の校舎にタイムスリップしたかのようなざわめき感でした。

お店に入ると、そこには懐かしい同級生の面々が。あれっ、そんなに老けて……ない？ 不思議なことに、同級生のひいき目かもしれませんが、10年、20年の時間の経過がなくなったかのような錯覚を覚えました。30代の厄年をくぐり抜けて、軽やかになったのでしょうか。もしくはこの同窓会会場だけ特別な、時間の存在しない空間になっているのかもしれません。よく年配の方が、女学校時代の友達と会うと時間が戻る、なんておっしゃいますが、そのタイムスリップ効果を改めて実感しました。皆さん自然体で、虚勢を張ることもうわべを飾ることもなく、当時の佇《たたず》まいのまま存在していました。

学校によっては同窓会では夫の自慢とかセレブアピールがあったりするのかもしれません。でも、女子学院の同窓会ではそのような風習を今まで体感したことがありません。既婚、未婚、子どもの有無、仕事を続けているかどうかなども取り立てて話題にはならず、旧友との再会をただ懐かしむモードに。私など先生を物陰からこっそり見て挙動不審になったり、言動も中高時代に戻ったかのようです。

懐かしい思い出、そして黒歴史がよみがえる空間

出し物としては、まず、歌と演奏がありました。適度にざわめいている中、有志が前で歌ったりバイオリン演奏をしたり。そういえば音楽の先生のキャラ、強烈だったっけ、などと思い出がよぎります。芸大の音楽科に進んでマリンバ奏者になった同級生の素敵な演奏もありました。レストランにわざわざマリンバを搬入して……幹事さんお疲れさまです。

音楽といえば、同級生のアナウンサー、馬場典子さんが、「あいつ今何してる？」という番組に最近出演し、芸大で尺八を専攻し、その後、音信が途絶えていた同級生の足跡をたずねたそうです。番組の一部が店内のモニターで放映されました。その、Iさんは尺八演奏家の道には進まず、今はアメリカのコーネル大学の日本語講師をされているとか。馬場さんとは中高時代、体育の成績でライバル意識を抱いていたそうです。Iさん、濃い人生を送っています。同窓会の後半に、用事があって一瞬だけIさんが立ち寄ってくれて、めったに会えないレアな人なので盛り上がりました。

他に印象的だった会話などは……。

富山県の自然豊かな牧場に転居した同級生Fさんの話。わりと最近、同級生30人がその牧場に遊びに来て、40代女子が次々と木登りしはじめたそうです。よく、女子校のたとえ話で、空き缶が落ちていて、拾ってゴミ箱に入れるのは雙葉生、本を読むのに夢中で気付かない桜蔭生、女子学院生は缶蹴りをはじめる、というものがありますが、あながちまちがっていないかもしれません。何歳になっても、木があったら登るのがJGマインドのようです。

富山に暮らす同級生は、かつて合掌造りの家屋では加賀藩の弾薬を作っていた、というマニアックな知識を教えてくれました。

歓談中、当時の院長の齋藤先生へのメッセージを色紙に書いて回すことになりました。色紙を見ると感謝の言葉など書かれていて、優等生モードです。そんな中、同級生のAさんが、「私、院長先生に理不尽なことで怒られたから……」と書くのをしぶっています。「どうして?」と聞いたら「ガラスの屋根を割っただけなのに怒られて……」と、Aさん。それは普通怒るのでは? 学校の器物を損害したわけですし。「でも、保険下りたんだよ」と、釈然としない様子。女子学院出身の手強《てごわ》いキャラを物語るエピソードです。しかし在学中、私はよくAさんと一緒にいろいろないたずらや悪事をしていた記憶が、封印していた海馬の奥からよみがえってきました……。その中で、わりとライトなものは「泥棒ごっこ」です。学校の体育祭のための集金袋をクラス全員分入れた布袋を、私がわざと持って走り出し、Aさんが「池松さん（本名）がお金を盗んでる！」と叫ぶ、といういたずらでしたが、皆にスルーされて寂しかった思い出が。

様々な黒歴史が交錯する中、校歌や讃美歌に続き、場を浄化するような「ハレルヤ」の合唱がありました。中高のクリスマス礼拝で歌った曲なので、いまも部分的に歌詞やメロディーを覚えています。ソプラノ、メゾ、アルトにわかれて大合唱し、最後は感動に包まれました。女子校の同級生は、年を重ねるに従い、運命共同体というかソウルメイト感が生まれてくるようです。

データで送られてきた「ハレルヤ」の楽譜。久しぶりに見たら楽譜が読めなくなっていました

今回の同窓会は、思い出の歌が多かったおかげで当時の気持ちを追体験することができました。ハレルヤを合唱しながら一体感に浸り、皆、歌声も全然変わってない、

と思っていたのですが、帰ってデジカメの録画を再生してみたら、ソプラノの歌声にビブラートがききまくって、若干、熟女のメランコリーが……。やはり同窓会の間だけ、時間の魔法にかかっていたのかもしれません。

女子校の校風ギャップ

校風を調べずに進学、その結果

「私はあの学校に行ったことを後悔しています」と遠い目で語るのは、新聞記者のYさん。何度かお世話になり、すごく仕事ができる女性という印象でしたが、どこか親近感を覚え（ジャニーズ好きという接点以外にも）、共通点がありそうだと思っていたら、あとで女子校ご出身だと知りました。Yさんが通っていたのは神奈川県屈指の名門女子校。もちろん性格的に合う女子にとっては良い学校ですが、Yさんには厳しすぎる校風だったようです。

「今の子は口コミサイトとか情報が豊富で羨ましい。昔はせいぜい偏差値と学費、進学率くらいで、それだけで志望校を決めてしまっていました。校風を調べなかったのをあとで後悔しました」

そして入学したミッション系の女子校。そこでの学園生活は、想像以上に抑圧感があったようです。

「私は何でもイージーゴーイングなんですが、その学校の校風はまじめで融通がきかない。プロセスを重視してやたら話し合いをしたり。私は結果オーライなのですが、こうじゃなきゃいけない、みたいな価値観と合いませんでした。みんなまじめで頭が良くて世間知らず。なんでこの人こんなにまじめなんだろう……っていう人が多かったです。生きてて楽しいのかな、と思ってました」

どの女子校にもまじめグループが生息していますが、いてもクラスの4分の1くらい。学校の品位と進学率を保ってくれる存在です。でもYさんの話を伺う限りでは、その女子校は4分の3くらいの比率でまじめ女子だったのかもしれません。年齢的にも反抗期を迎えたYさんは、学校の儀式にもなじめませんでした。

「毎朝礼拝があったんですが、私は歌わなくてめっちゃ怒られました。反抗したくていつも口パクだったんです」

私の通っていた学校も毎朝礼拝がありましたが、何の疑問も抱かず歌っていました。口パクという発想は当時なかったです。眠くて時々意識が飛ぶことはありましたが……。

「礼拝や聖書の授業の意味がわからなくて、宗教の試験があることがすごいムカついたんです。でも周りの同級生は疑問にも思わず勉強していて、聖書の中の好きなフレーズを言い合ったりしていて平和でした」
「ある時、聖書の試験で解答用紙に『神なんかいない』と書いたら、速攻呼び出されました。聖書の先生に病んでいると思われ、カウンセリングを薦められたんです」
　その言い切り……逆にかっこいいです。中二病というカテゴリーにはおさまらないスケール、将来大物になりそうな予感すら漂う解答です。先生の心配する気持ちもわかりますが……。
「それから病人扱いのようになって先生に妙に優しくされました。私はとにかくキリスト教の校風が合わなくて全てに反発していたんです。さらにくそまじめな同級生とも合わず、ほぼ一匹狼《おおかみ》みたいな感じでした。なんとなく喋《しゃべ》る子は3、4人いましたが、変わり者っぽい子たちでした。他にジャニーズ好きの女子も見つからず、ＫｉｎＫｉ Ｋｉｄｓのコンサートとか隠れて行ってました。告げ口されそうで誰も信用できなかったんです」

キリスト教との相性については、ご先祖をたどると何か因縁があったのかもしれません。もしくは神への畏敬の念の裏返しだったのでしょうか。その女子校はジャニーズどころか男子校との付き合いもほとんどなく、「なんでみんな男子に興味ないんだろう？　どうなってるの？」と、Ｙさんは疑問に思う日々だったとか。親御さん的には娘さんを入れたらすごく安心できる学校です。

「校則も厳しくて『手すりに触らないでください』というのがあったんですよ。校舎が文化財に指定されているとかで。何のための手すりなんだと思いました。寄り道も禁止です。先生が見回りしていてＣＤ屋でＳＭＡＰのＣＤを買おうとしたら『ちょっと何してんの！』って先生が横から出てきた時は怖かったです。生徒手帳を取り上げられ、翌日ホームルームの時間に皆の前で吊《つ》るし上げですよ。あとルーズソックスが全盛期でしたが、もちろん禁止されているので、家から学校の最寄りの駅のトイレまでの一瞬だけはいている子がいました。時々検問があってルーズソックスが見つかったらそれも皆の前で見せしめに吊るし上げられて……。本当に窮屈でした」

抑圧されればされるほど、反動で卒業後に遊びまくってしまう女子が出そうなのが心配です。

留学先の女子校でブレイクスルー

結局Yさんは校風がどうしても合わず、学校を辞めることを決意。学校も厳しくしすぎたことで、有望な生徒と数年分の学費を手放すことに……。Yさんはオーストラリア留学をすることになり、メルボルンの名門女子校、フィントナ・ガールズスクールに入学。女子校と合わないと思って海外に行ったら、結局また女子校に……。でも校風は180度違って自由そのものだったそうです。

「入学する時も、語学学校に3か月通った後に、その女子校の校長先生とちょっと話したら、いきなりOKが出て、えっそんなノリ？　と驚きました。でも最初は校風の違いに慣れなくて、ついまじめな女子校時代の癖が出てしまったんです……」

長年、先生に隠れてコソコソしていたYさん。メルボルンの女子校で、ある時MDウォークマンを聴きながら廊下を歩いていたら、向こうから先生がやってきたそうです。

「先生に見つかる！　と焦って、イヤホンを外してバーッて隠したんです。日本だと一発没収ですから。でも先生は『何してんの？　聴けばいいじゃない』って。耳を引きちぎる勢いで外して隠した自分が恥ずかしくなりましたね。先生が聴きたいと言ったので聴かせたら、ジャパニーズポップはいいわね、って言ってくれました」

そんなフレンドリーな展開になるとは……。南半球はやはり空気がおおらかなのでしょうか。私もちょっと前にメルボルンに行ったのですが、街中の人が多幸感にあふれていたのが印象的でした。

「あと、休み時間にお菓子を食べていたら、先生が入ってきたので、急いで口に入れました。そうしたら先生はキョトンとして、『おなか空いたんなら食べればいいじゃない』って。がんじがらめになっていた日本の習慣がしみついていたようです。フィントナ・ガールズスクールは、自由だけれどそこには自己責任という考えがありました。やることをちゃんとやっていれば、自由が認められていたんです」

全く違う校風を体験して、ある程度自由を与えられることで、自主性が生まれるというポジティブな循環に気付いたそうです。

もしかしたら常に自由すぎると、フリーダムでKYなキャラになってしまうかもしれず、Yさんの場合、前半は厳しい女子校、後半は自由な海外の女子校、という組み合わせが才能と個性（そして語学）に良い結果をもたらしたのかもしれません。日本人の奥ゆかしさと繊細さに、オーストラリア仕込みの大胆な個性を兼ね備えられれば最強です。最初辛かったからこそ、その後の楽しさが倍増……経済的に余裕があったらこんな進路も良いかもしれません。

女子校の美しき伝統、セーラー服

集まったシニア男性は少年の眼差しで

東京の弥生美術館で開催された「セーラー服と女学生」という素敵な展示に行って参りました。

女子校選びで重要な要素の一つが制服。以前、私立女子中学校フェスタに伺った時も、生徒さん方が母校の制服の魅力をアピールしていました。豊島岡女子学園は、セーラー服の胸当てがないのでネクタイが目立つ、というポイントを。山脇学園の清楚な制服は歴史が古く、ハートの校章と共に自慢だそうです（私立女子中学校フェスタの詳細は第三章へ……）。制服の話題は引きが強いです。

ところで女子校の制服というと、セーラー服のイメージが強かったのは今は昔。最近はブレザーの人気が高まっています。大手制服メーカーによる２０１７年の調査によると、女子高生の制服のセーラー服の割合は私立校で15・３％で、30年間でほぼ半減しているそうなのが寂しいです（展示関連書籍『セーラー服と女学生』内田静枝編著、河出書房新社より）。

私の母校は私服ＯＫでしたが、一応、式典の時に着るセーラー服もありました。わりとオーソドックスなデザインで、冬服は紺一色で重めの印象でした。90年代は、ブレザーの制服が人気の女子校が結構あって、頌栄女子学院のチェックのプリーツスカートとブレザーの制服がまぶしくて憧れたものです。遠足で同じ列車で立教女学院の生徒さんと乗り合わせた時は、チェックのスカートを着こなしている女子がずいぶん大人っぽく見えました。90年代には、品川女子学院もおしゃれな制服と広末効果で人気爆発していました（志願者は60倍に）。でも、それをまねしたからといって、うまくいくわけでもありません。地道に伝統のセーラー服を守り続ける学校も素敵だと思います。

弥生美術館の展示は、セーラー服の魅力を再認識させるものでした。平日に行ったら結構お客さんが入っていて、入り口のところにはシニア男性の集団が。セーラー服の女学生というテーマに足を運ばずにはいられなかったのでしょう。少年のような眼差《まなざ》しで楽しそうでした。

会場でまず目を引いたのは、セーラー服女学生叙情画セレクション。少女雑誌の挿絵画家が描いたセーラー服の女学生は、当時の憧れだったのでしょう。木陰で読書したり、ピアノに合わせて歌ったり、奥ゆかしくてピュアな姿が描かれていました。女学生のお姉さまと後輩がたたずむ、当時のS（友情以上の思慕）を匂わせる絵にも萌《も》えます。中原淳一、松本かつぢ、高畠華宵、などそうそうたる方々の作品が。現代の人気イラストレーター中村佑介氏によるセーラー服の女子のイラストや、美少女戦士セーラームーンの絵なども展示されていました。そしてベストセラー、森伸之氏の「制服図鑑」も。日本人のDNAに刻印されたセーラー服への思いが高まります。

セーラー服が日本の女学校に取り入れられた経緯はどんなだったのでしょう。19世紀中頃のイギリス海軍の水兵服に端を発するスタイル。イギリスでは、1846年に王室の5歳のエドワード王子が着用したセーラー服の肖像画がかわいすぎて大ブレイクしました（ジョージ王子にも水兵服を着せて人気再燃させてほしいです……）。そして、セーラー服が婦人服にも取り入れられたようです。

日本の女学生の制服はもとは着物だったのが、鹿鳴館風ドレス、下田歌子考案の女袴《おんなばかま》、と紆余曲折を経て、1919年に山脇学園の洋装のワンピース型制服が鮮烈に登場。そこから洋装化が進み、1930年代にはセーラー服人気が上昇。会場には、セーラー服を早くに取り入れた平安女学院と福岡女学院の女学生の写真が展示され、等身大パネルになっていましたが、かなりの美少女です。金城女学校の約100年前のセーラー服の女学生の集合写真も。大正時代の女学生、意外と顔が濃いめです。しかし誰一人、笑顔ではなく暗い表情をしているのは、写真に写ると魂が抜かれるという説が信じられていたからでしょうか。制服は襟の角度が鋭角でおしゃれでした。

現代の人気のセーラー服の実物も展示されていました。1924年に制定された雙葉の制服は錨《いかり》のマークがポイント。知らなかったのが、リボンで隠れている部分の、胸元を紐《ひも》で編み上げているデザイン。さりげない高級感があります。

「お嬢さん、インナーベストですね」

東京女学館のセーラー服は男子校界隈でも圧倒的な人気です。リボンを蝶結《ちょうむす》びにしているのもガーリーです。冬服でも白いトップスは、英国人教師の「英国では高貴な人は白を着る」という教えに基づいています。セーラー服人気が下がっていっても、女学館の制服がある限り絶滅することはなさそうです。

白百合学園のセーラー服は、胸元と襟に百合の刺繍があしらわれています。3本線が入ったネクタイが目立ちます。雙葉と同じくインナーベストでスカートを吊っているそうです。インナーベストという単語がマニアック。制服姿の女子学生に「インナーベストですよね……」とささやきかけたら……多分、通報されます。白百合は校内ではタブリエというスモックを着用。制服を大事に扱っているのが、さすがお嬢様学校です。

東洋英和女学院は、ゴールドの2本線とガーネット色のスカーフが高級感があります。何重にもひだを折り込んでドレープを出す「英和結び」という特別な結び方があるそうです。図解も展示されてましたが、素人には難易度が高いです。

豊島岡女子学園のネクタイの結び方も特徴的。校章にも入っている鳩をかたどっています。ネクタイを二つ折りにして長く出したタイを短いタイに2、3回巻いて、折り返して……と手順が多いですが、こうやって毎朝、折り紙に近い作業で脳を鍛えているのかもしれません。進学校の実績を高めるのは、複雑な着方の制服なのでしょうか。

どのセーラー服もリボンをきれいに結ぼうとすれば結構、時間がかかります。日々、丁寧に結んだり巻いたりすることで、それが生き方にも良い影響を及ぼしそうです。リボンやネクタイは絆《きずな》のモチーフであり、魔よけにもなります。セーラー服なら親御さんも安心です。

女子校出身の海外セレブ

マンハッタンの名門女子校は学費が500万円超え

アメリカの名門女子校は学費が高額。日本の4、5倍することも。いそうでいない女子校出身の海外セレブ。アメリカの場合は公立の共学が多くて、女子校は6・1%というデータもあります。レアな女子校出身セレブを調べてみました。ちなみに英語だと「all-girls school」と表記されています。

ケイティ・ホームズ（女優）は、オハイオ州にあるノートルダム学院

リース・ウィザースプーン（女優）はテネシー州ナッシュビルのハーペスホール高校

ティア・レオーニ（女優）とキャロライン・ケネディ（元駐日大使）は、マンハッタンのブレアリースクール

グウィネス・パルトロウ（女優）マンハッタンのスペンススクール

サルマ・ハエック（女優）はルイジアナ州の聖心
パリス・ヒルトン、ニッキー・ヒルトンの姉妹とレディー・ガガ（シンガーソングライター）はニューヨークの聖心
キム・カーダシアンとクロエ・カーダシアンはロサンゼルスのメリーマウント高校

なんとなく顔を思い浮かべると気品と強さが漂っているような方々です。とくに全米屈指の名門校とされるのはマンハッタンのブレアリースクールやスペンススクールで、ブレアリースクールは学者や医者、作家、彫刻家などの有名卒業生がいるまじめな進学校、スペンススクールはグウィネス・パルトロウなど女優が何人か出ていて華やかな印象です。どちらも100年以上の歴史があるブランド校。伝統校でありながら、両校はトランスジェンダーの生徒に門戸を開いていて、かなり先進的です。それぞれの学校のサイトを見ると、豪邸に住んでいそうな賢くて物怖《ものお》じしなさそうな少女たちの写真が載っていてまぶしいです。授業料はどのくらいなのかおそるおそるクリックしてみると、恐ろしいことにスペンススクールは年間5万4650ドル、ブレアリースクールは5万1790ドルでした。ということは……軽く5000万円以上!? サイトにはちゃんと「財政援助」という文字もありました。日本の

私立女子校の学費は高くても120万円くらいなので4、5倍はする感覚。よほどの成功者でないと娘さんを通わせられません（日本に生まれてギリギリ学費を払ってもらえて良かったです……）。

ちなみにスペンススクール出身のグウィネス・パルトロウは当時の学校生活について、少し風紀が乱れていたと語っています。「でも私はもう少し大人になるまではそういうことには参加しなかったわ！」と、自分は清純だったと主張。メイクも全然しないピュアで自然体な生徒だったそうです。

おさわがせセレブたちも女子校同士で波長が合う

女子校出身セレブで意外性があったのはリアリティスターのキム・カーダシアンとクロエ・カーダシアン。おさわがせ炎上セレブのイメージがありますが、カトリックのお嬢様学校に通っていたとは。キムが当初、パリス・ヒルトンと意気投合していたのは、女子校出身の波長が合っていたのかもしれません。パリス・ヒルトンは厳格なカトリックの校風が合わなかったのか、聖心をやめて転校しています。

レディー・ガガはパリスの妹のニッキー・ヒルトンと同時期に聖心に通っていました。伝記本『レディー・ガガ』（ブランドン・ハースト著、長澤あかね／中村有以訳、マーブルトロン刊）には、女子校時代の思い出が掲載されています。ヒルトン姉妹はいつもとてもきれいで清らかで完璧だったとガガは語っています。でも、「廊下ですれ違う程度」の関係だったとか。そして自身の中高時代はというと……。

「とってもひたむきで、勉強家で、よくしつけられた子だったわ。毎日音楽のけいこをしてた。―中略― それに、成績もすごくよかった」「だけど、悪い子でもあったの。授業をろくに聞かなくても、試験はいつも満点で、でも終わったら友達とラリっちゃうようなね」

やはりお金を持ちすぎると良からぬ方向に行ってしまう女子も……。

「ブロンド、ブルネット、アーティスト気取り、マリファナでラリってる子、ありとあらゆるタイプがそろってたわ。私は演劇オタクで、バンドをやってて、からかわれてた。だけど、学生時代を振り返ると、いろんなタイプの女性についてうんと勉強した気がするの」

ガガは、聖心での教育は自分にとって良い影響を及ぼしたと語っています。

「自己管理を教えてくれてモチベーションを与えてくれたことはたしかね。教育は、私に考えるすべを教えてくれた」

男子の目を気にしないでも良い女子だけの環境だったからこそ、ガガは音楽や演劇に没頭して自己表現力を培うことができたのでしょう。その後、歌手になる前の準備期間に、ニューヨーク大を退学したばかりのガガは、ダウンタウンの劇場でバーレスクショーをしていたこともあったようです。聖心出身者ではかなり異色の経歴です。

メキシコ出身のハリウッド女優で慈善活動にも熱心なサルマ・ハエックはルイジアナの聖心の寄宿学校に通っていましたが……なんといたずらのしすぎで退学になってしまったそうです。寄宿舎で、サルマは同じ部屋の女子たちが始業時間より早起きしてメイクや髪をカールしている姿を見て、あるいたずらを思い付きます。全員の時計を1時間早く進めて、4時、5時に起き出してお化粧を始めた彼女たちを見て爆笑。時間を操る遊びにハマったサルマは修道女の時計を3時間遅らせたり、度々のいたずらでついに学校を退学になってしまいます。ささやかでかわいいいたずらにも思えますが……。

悪知恵のきく女子は、レディー・ガガのように、テストでは良い点を取りつつ誰にもバレないようにドラッグをたしなむのかもしれません。アメリカの学費や経験値の高さに圧倒されます。とはいえ、女子校出身のセレブのリストを見ると、それぞれカリスマ性や屈しない強さがあって、女子校で培われたものの大きさを感じさせます。

非・女子校出身者のための……女子校出身者のトリセツ

多感な思春期に異性と接することがほとんどないまま、女子だけで過ごしたことの影響は意外と大きいです。私自身も男性と目を合わせて自然に話せるようになるまでは結構な時間がかかりました。知人で、自分の口の中に入るものを見られたくないからスーパーで男性店員のレジには絶対並ばない、という重度の女子校育ちの人もいます。そこまでいかないにしても、以前、共学出身の友人が「付き合ってないけれど飲んだ後に男性100人くらいと手をつないだことがある」と話したことに、女子校出身者一同で「えぇ～っ!!」と驚愕したことがあります。

男性に対してはかたくなな態度を取りがちですが、同性に対しては一度警戒心が解けると素を見せて付き合います。「女子校はドロドロしてそう」と言われがちで、たしかに校風が閉鎖的だったりするといじめが発生することもありますが、共学の女子同士よりも平和な人間関係を築いていると思われます。共学では男子をめぐって女子同士はライバルで、モテがヒエラルキーの上位になるための重要な要素ですが、男子がいない女子校では皆仲が良く、美人じゃなくても生命力が強い人や個性的な人、何かに秀でている人が人望を集めます。もちろんモテ系で恋愛が盛んな女子校もありますが、そういう学校は派閥ごとにテリトリーの男子校を決めているので、男子をめぐってもめることはほとんどありません。

女子校育ちは同性に対してもともと敵対心がないので、社会に出ても女性の上司に気に入られたりします。モテに関しても、フェロモンの出し方がわからず美人でも色気がない人とか、変なキャラの人も多くて、女子力が高い共学育ちにとっては脅威にならないと思われます。女子校出身者は、女の敵は女ではないことを教えてくれる貴重な存在なのです。

仲間意識が強く敵に回したら
怖すぎる女子の集団
浮気したんだって
サイテー
標的にされたらもうその場所では
生きていけません

集団パワーで威圧

女子校の生徒は仲間意識が強く、嫌な先生に対する時などに残酷なパワーとなって発動します。全員一斉に筆箱を落としたり、後ろを向いていたり……。大人になっても変わらず敵に回すと怖い女子の集団。いったん嫌われたら、異動とか退職くらいしか対処法はないかもしれません。無害な人物のフリが無難です。

男性がいると挙動不審に

思春期に身近に男子がいなかったため、男性を美化してみたり獣だと蔑んでみたり、価値観が定まらない女子校育ち。自意識過剰になり、男性の視線を感じるとぎこちなくなってしまいます。自分から話しかけられない人も。三十路を越えれば不自然さも緩和されるので、変人扱いせず優しく見守ってあげてください。

誰が誰に気があるとか、誰と誰ができてるとか、勝手に妄想
あの二人、一緒に買い出し行って……絶対できてる！
趣味が妄想な人も多いです

男女の仲を邪推する

「あの人、あなたに気があるんじゃない？」とか、勝手に周りの男女の関係に対し妄想を膨らませてしまうのが女子校育ちの性《さが》。男女が近い距離で楽しそうに会話してるとできてると思い込みます。女子校出身者の視線を感じたら、できるだけ平等に同僚男性と接した方がよいでしょう。妄想だけなら罪はないですが……。

ガーッと言いたいことを言って会話にならないと指摘されがち
そろそろマンションでも買いたいけど建築業界は資材と人材不足で物件価格が上昇してるからオリンピック後に値下がりした時に……
それって……
相手に口を挟ませない
あの……
女子校で自己主張力が養われました

言いたいことを一方的に話す

個性が重視される女子校では、集団に埋もれないために自己主張の能力が培われます。そのため社会に出ても、一方的にトークを浴びせてしまうことが……。相手が話している途中なのにかぶせてしまう、というのも多いです。とりあえず言いたいことを言わせて落ち着いた後に本題に入るのがよいでしょう。

同性はライバルではなく仲間なので常に応援するスタンス
六本木でナンパしてきたイケメン外国人とデートしちゃおっかな〜
いいじゃんいいじゃん！行っちゃいなよ！
おもしろそうなので無責任にすすめてしまうことも

無責任に煽る

共学出身者は女子に対しライバル心があるので、友達に彼氏ができそうになると「遊び人らしいよ」とかネガティブなことを吹き込んで破談させようとしがち。逆に女子校出身者は無責任なくらいすすめます。交際だけでなく、進路やショッピングでも……。彼女たちの言葉を信じすぎず自分で判断すべきです。

思春期に女の園で自由に過ごした
ため、ワイルドな一面も
髪を整えてる体で…
ハンカチ代わりに髪の毛で手を拭く
のは女子校出身者が多いです

意外にがさつ

女子校育ちだとお嬢様なイメージを持たれることがありますが、電車内で脚を開き気味に座っていたり、体を掻《か》いたり、髪の毛で手を拭いたりと、自然体すぎる一面も。でもフォーマルな場ではちゃんとできる、と思い込んでいます。彼女たちのスキだらけな動作を目撃したら、見て見ぬフリをしてあげてください。

第二章

女子校の知られざる真実

女子校出身者の個性

どんな先生にもファンクラブがあった

話していてフィーリングが合うと思ったり、自然体でいられると感じたら、同じく女子校出身というパターンが多いです。女子校育ちは個性的だったり、ギャグセンスのレベルが高めだったりする人が多いような気がします。モテよりも笑いや個性を大切にしがちなのでしょうか。そんな中でも、衣装製作や音楽など創造的な活動をしている30代女性、スジャータさん（芸名）にお話を伺いました。刺激的な内容になったので、校名は伏せさせていただきます。

都心の歴史ある中高一貫女子校に入学したスジャータさん。まず驚いたのは、先生がモテていたということ。女子校には男性教師がモテる学校と、女性上位でウザがられる学校にわかれる気がします。もちろん先生にとっては、嫌われるよりモテるくらいの方が嬉しいと思われますが……。それにしてもその女子校では先生が教え子（卒業後）と結婚する率がかなり高かったようです。

「先生の結婚相手の約8割は元教え子なんです。生徒の卒業を待って結婚というパターン。どんな先生にもファンクラブがあるのが驚きでした。例えば、ある運動部の顧問のM先生は、生徒の部活を指導していたら挙動不審で警察に職質されるほどの強烈なキャラでした。突然、『夢の中で妖精に金槌《かなづち》で頭を叩《たた》かれて、3日後に死ぬと予言された』とか変な話をしてきたり。そんな先生にもファンクラブがあったんですよ」と、スジャータさん。生徒さんは優しいというかストライクゾーン広すぎです。

「すごいかわいい子でもキモい先生を狙っていたりしてハーレムでした。モテない人は女子校の先生をやったらいいと思います」とスジャータさん。それも女子校によるかもしれません。強気の進学校とかに行ったら、逆に心折れる事態に……。ちなみに、もしちょっとでもかっこいい先生だとどうなってしまうのでしょう？

「かっこいい先生はファンが100人いて争奪戦でした。すごく校則が厳しかったので、抑圧された反動が異性への欲求になってしまっていたのかもしれません」

そのリビドーの発露の一例として、こんな事件があったそうです。

「近くに男子校があったのですが、うちの学校からその男子校の窓に向かってトイレットペーパーが投げ込まれる、という事件が度々あったようです」

それは、のろし的な何かのサインなのでしょうか……。トイレットペーパーではなく、花とかもっときれいなものを投げ込んでほしい気もします。

スジャータさんに、厳しい校則の例について伺うと……。

「夏は白い靴下をはかなきゃいけなかったんですけど、当時流行《はや》っていたルーズは絶対ダメでした。10月からは黒タイツと細かく決まっていました。冬に白い靴下をはきたい時は許可証が必要だったり、とにかく何でも許可証を出さないとならないんです。寒いからジャージをはおりたい時も許可証。茶髪検査もあって、私は地毛が茶色なのに引っかかって注意されて、反論したら反抗的な人柄だって言われたのがトラウマです」

もちろん寄り道も禁止だとか。

「駅の中のシュークリームを買って反省文とか。私、たまたま先生に見つかるタイプなんです。反省文は親も書かされます」

抑圧された環境でストレスがたまると、学校の階段で誰が一番、理性を失えるか競争したりして戯れていたそうです。

「白目をむいて駆けずり回ったり、絶叫したり、女を捨ててましたね」

それにはかないませんが、似たようなことを私もやっていた思い出がよぎりました。受験のストレスがたまってきた頃「心労クラブ」というものを一時的に作って、屋上で丸めた新聞紙で殴り合っていました。女子校生はときどきエネルギーの発散が必要なのかもしれません。

「まず共学だと、こんなことやらないですよね……」とスジャータさん。

「ささやかな自己表現でいうと、当時GLAYやT・M・Revolutionの全盛期だったんですけど、白い割烹着に好きなミュージシャンとかアイドルの名前を書いている人がいましたね。青春っぽい思い出です」

女子校あるあるでしょうか。私の時も、友達が上履きに「BUCK-TICK」とか書き込んでいました。このくらいの発露ならかわいいです。

笑いのセンスを磨いたことによる副作用

女子校出身者は、卒業後も男性との関係で苦労するんでしょうか。ぎこちなかったり、自意識過剰になってしまったり……。

「私は苦労してますけど、女子校をうまくお嬢様学校みたいなブランディングに生かしていけばいいんですかね。でも同性とは仲良くなりやすいです。女だけの世界にいるから、自分の中にインナー異性を作り出して男の目線で女子を好意的に見たりしますよ」

女子校など女だらけの集団では、全員が女性脳では共存できなくて男性脳のリーダーが生まれると脳研究者の本で読んだことがあります。

一方、異性相手だと、意外な部分でライバル意識を抱いてしまうとか。

「男性と付き合っていると、彼氏のおもしろさを凌駕しようとしてしまうんです。男は自分よりおもしろい女に魅力を感じないらしいですけど。つい相手よりおもしろいことを言って萎えさせて、結果、つまらない女と浮気されてしまう。世の中的にはかわいくてつまらない女の方がモテるようです。男性には女性のおもしろさは脅威にうつるんですかね」と、スジャータさん。

ネットで以前、興味深い記事を読みました。笑いの研究をしているロシア系米国人物理学者のクリシュタフォビッチ博士によると、「笑いは一種の武器であり、ユーモアには常に攻撃性が秘められている」とのこと。ジョークで相手を笑わせることは、言葉による攻撃で相手より優位に立とうとする、という意味もあるそうです。そのため女性が男性を笑わせると、男性は自分のテリトリーに入ってきたように感じて、プライドが傷つくのかもしれません。

「前にバイトしていたお店でも、私が他の人を笑わせていると店長が悔しがっていました。

私がしょうがなく店長のつまんないギャグで笑ってあげると機嫌良くなる。自分の存在意義とおもしろさが比例しているのでしょうか」

たしかに、男性を笑わせてもとくにモテにはつながらない感じがします。

「下ネタを言われた時も、かわいく恥じらえばいいんですけど、つい、上回るネタでかぶせてしまうんです」

女子校で鍛えた話術や批判精神を発揮すればするほど、男性は遠ざかってしまうのでしょうか……。憂慮すべき事態です。

「女子校で無駄におもしろさを磨くと婚期が遅れます。ギャグセンス高い人は多いけど、はたしてそれが正解か……」

ただスジャータさんは、日本のギャグがそんなに通じない外国人にはモテるとのこと。ジョークのジャンルがかぶっていなければ、そんなに対抗意識は生まれないのでしょうか。もしくは日本人でも、笑わせられて言い負かされても何も感じないほど覇気のない男性なら大丈夫かもしれません……。

個性を伸ばせる女子校の環境。でも良い面もあれば弊害もあるということを、今回の取材で再確認いたしました。

お嬢様女子校の秘話

「自宅の噴水で溺れる」が実話って……

お嬢様が多い女子校出身の友人に、先日聞いたエピソード。同級生に有名な不動産開発会社のご令嬢がいたそうですが、その同級生が友人に「誕生日にルビーかダイヤモンドどっちがいいか親に聞かれたんだけど、どっちがいいと思う?」という相談の電話をかけてきて、友人は困惑。合宿には巨大なダイヤのアクセサリーをつけて来たそうで、同じ部屋の人は、もし紛失でもされたら疑われる、と緊張したとのことでした。巨大なダイヤなんていったい何十カラットあるんでしょう。大人になって0・03カラットをやっと購入した身としては値段も想像できません。こんな同級生がいたら格差を10代にして実感させられます。

フェリス出身のお嬢様芸人たかまつななさんのネタに「お嬢様は自宅の噴水で溺《おぼ》れたことがある」というものがあり、たかまつさんの発想はすごいと思っていて、本人にお会いしたときこの話題を出したら「聞きませんか?」とノーブルな笑みを浮かべていました。どうやら実話だったみたいで驚きました。

お嬢様学校で名高いのは聖心女子学院です。日本だけでなく世界各地にある由緒ある女子校。パリス・ヒルトンとレディー・ガガもアメリカの聖心で学びました。

10年以上前の聖心女子学院の文集「塔」を、教員だった母にもらって拝読していました。そこに掲載されていた聖心トリビアで印象的なものは……

「初等科ではお手伝いさんのために、編み物や裁縫などの講座が開かれていた」

「お供部屋」というスペースでは、お手伝いさんたちのために、編み物や裁縫などの講座が開かれていたそうです。なんとなくお手伝いさんに感情移入してしまいます。無料講座、受けたいです。

「授業前は『お願いいたします』、授業後は『恐れ入りました』と挨拶していた」

しかも教室に入るのには列を作って沈黙のうちに入室。規律正しいです。先生の方はどんな挨拶をされるのか気になります。お粗末様でした、とかでしょうか。

男子学生を視界に入れてはなりません

「戦前の聖心には『父兄以外の男性は（たとえ兄弟といえども年少者以外は）行事の際も入場

を許さない』という校則があった」

ある時、学内での音楽会に芸大の教授をお招きしたら、男子学生も一緒に来てしまったそうです。シスターが退場を求めたけれど押し問答になり、結局男子3人が校内へ。女生徒には、決してこの3人の方に目を向けてはならないとお達しが出たそうです。視界にも入ってはいけないなんて。芸大の男子ならお嬢様のお相手にふさわしい気もしますが……。

戦前の方がお嬢様度が徹底されていたようです。でも現代でも聖心出身の女性には品格と知性が漂っている印象があります。出版社や映画配給会社などで活躍するOGの方々に会うたび、女子力ならぬ嬢力を感じさせられます。華美にならず、でも気品があって礼儀正しいという、大和撫子《やまとなでしこ》の理想形。先日、そんな卒業生の一人であるNさんに話を伺う機会がありました。Nさんは仕事ができる編集者さんで、字がものすごくきれいな方。お手紙を見ると毎回、教科書体フォントかと思うくらいです。

初等科から聖心という生粋のNさん。「両親が聖心の教育が良いと聞いてきて、第1志望にしました。お受験幼稚園に通って受験しました。入学してみたら、一族郎党みんな聖心、というご家庭が多かったですね。おばあちゃん、親、いとこ、姉妹聖心とか」。

お金があるから何？　という感じ

聖心の場合札幌や関西にも姉妹校があるので、親戚みんな聖心、というのも可能かもしれません。ちなみにお金持ちの令嬢も結構いるのでしょうか？　母がよく、○○の社長の娘さんがいる、とか言っていましたが……。

「たしかにいるにはいます。大きなメーカーの社長令嬢とか、官僚の娘さん、医者の娘さんとか。宮様もたまにいらっしゃいます。在学中は老舗《しにせ》和菓子店のお嬢さんもいましたね。でも制服もおしゃれじゃないし、社長の娘だからといってとくにキラキラしてるということもなかったです。わけへだてなくみんなに接してました」

グリーンの制服、普通にかわいいと思っていましたが意外に在校生はコンプレックスあるみたいです。

「バッグも決まっているからブランドバッグも持てませんし。ときどきブランドのお財布を持ってる人がいるくらいでしょうか」

お友達の家に行ったらゴージャスだった体験はありますでしょうか。

「家に遊びに行ったら結構すごかった、ということはありますか。グランドピアノがどーんとあって、シャンデリアが下がっていたり。しかも田園調布で大理石の床の大きな広間のお家もありました。家にプールがある子もいましたね」

そんなザ・お金持ちみたいな……。ところで女子校では礼儀作法とか食事のマナーの実習があるところもありますが、Nさんの記憶では聖心ではとくになかったそうで、わざわざ学校で学ぶ機会を作らなくても、各家庭で自然と身に付いているのでしょう。もしくはセレブのご家庭の友達の家で学んだりするのかもしれません。

「聖心はシスターもそんなに喧々してなくてのどかでしたね。良妻賢母を育てるというよりも、自分の表現で第一線に立って才能を生かしましょう、と、自分の足で立つことを良しとするところもありました。芯がある人が多い印象でした」

成金っぽく親の会社や職業を自慢する風潮もなかったそうです。親に頼らず自立した精神を養います。

「別荘自慢とかそんなのもなかったですね。自慢したところで上には上がいますから……。すごい家の人が多いので、誰もあえて言わないですね」

世の中には自分の家よりもっと名家でお金持ちがいる、と10代のうちから悟ることで生まれる謙虚さと理性。金持ち喧嘩《けんか》せずの精神に近いものがあります。お嬢様度が極まるともはや自慢しなくなるんですね。

「とにかく華美にしなくてもいい、という風潮でした。お金があるから何？　という感じでしたね」

交流がある男子校を聞くと、兄弟がいたりする慶應や暁星、の名が挙がりました（女子校の男子交際事情のテーマはまた改めて取材したいです……）。

慶應と聖心の交流の話は以前別の卒業生に聞いたことがあり、やはり普通の進学校では入っていけない、セレブのソロリティーの存在を感じます。海外ドラマ「ゴシップガール」のような……。お話を伺い、改めて聖心への憧れが高まりました。これから街でグリーンの制服を見かけたら軽く目礼してしまいそうです。

ちなみに昔、もし聖心を受けたら、という話をしたら、母に「生活レベルの差を感じて辛くなるからやめたほうがいい」と冷静に言われました。今は亡き母のそのアドバイスに感謝しています。

まぶしすぎる東京女学館ライフ

憧れの女子校OGにインタビュー

東京女学館は憧れの女子校の一つ。制服がかわいい上に進学実績もあり、青春を満喫しながら名門大に進めるというリア充感が漂います。実際東京女学館に通っていた方と縁があり、お話を伺わせていただきました。

ウェブ業界で働くTさんは30代前半で、脳内で女学館の制服と合成したらかなり似合っていたのではないかと思わせる美女。

「今は普通の家ですが曽祖母の代は結構なお嬢様で、曽祖母も女学館に通っていたんです。自然な流れでお受験することになり、塾に通って女学館だけに受かりました」

きっと曽祖母様がサポートしてくださったのでしょう。やはりお嬢様は多かったのでしょうか？

「いろんな方がいらっしゃっていて、社長令嬢や医者の娘や芸能人の娘もいました。でも、わりと普通の家庭の方も多かったです」

そこまでお嬢様発言をする人もいなかったそうです。

「高飛車な人はいなくて、一人一人の個性が立ってる人が多い印象でした。おしとやかな子より活発だったりとか、発言をガンガンしていく人が多い印象です」

セーラームーンに似ている制服のせい？

女子校にだいたい共通している特徴なのかもしれません。女学館のイメージといえば、冬でも白いセーラー服です。制服の魅力については内部の人はどう感じていたのでしょう？

「小学校の時は学校の周りに不審者が出没したこともありました。制服がセーラームーンに似ている、というのもあるかもしれません。小学生時代はとくに制服の魅力を意識していなかったのですが……」

ある種の男性を高揚させてしまう魔力があるのでしょうか。

小学校時代ダサい私服でバカにされた身

東京女学館の冬服
色だけでなく形も絶妙です
（描いてるだけでも興奮してきました）

からすると羨ましい思いでしたが、小学生からかわいい制服を着るのもいいことばかりではないようです。

「制服の魅力に気付いたのは中学に入って青いリボンに変わった頃からです。やっぱり他の女子校は夏場は白いセーラー服でも冬は紺色だったりする。そんな中、冬場も白いセーラーなのは魅力なのでは？　って思いました。セーラー服だけでなく、セーターもソックスもコートも校内で購入できる二つのメーカーのどちらかのものを着なくてはいけなくて、本当はセーターをダルダルさせて着たくても、別のブランドだと没収されたりしてましたね。セーターもかわいいですが、あえて着ないで白いセーラーの上にコートを羽織ったほうが街中で映えるのではと思って冬でもセーターを着ないときもありました」

素敵な制服を日々着ていると美意識が高まるのかもしれません。街中で映える服など今も気にしていなかったです。

「でも毎日だと飽きるというか、青学が近かったんでみんな自由なスカートやセーターを着て男の子と楽しそうに帰ってる姿を見て羨ましかったです。ないものねだりですけど」

想像するだけでまぶしいです。でもやはり白いセーラー服の輝きも負けていません。

「渋谷の白鳥って形容がありましたが、渋谷の白豚っていう言葉も聞いたことがあって。制服がかわいい分目立つんで、白鳥とかいって全然じゃん、と揶揄されることも……」

それは相手にされない男子の、愛情の裏返しというか負け惜しみみたいな悪口ですね。

女学館の恋愛モチベーション

そうは言っても女学館というとモテるイメージがあります。前に女学館出身の人に聞いたら、クラスでグループごとに、もめないように付き合う男子校のテリトリーを変えていた、という話があって驚きました。女子校の中でも男女交際の経験値が高いイメージです。

「私は全然だったんですけど、男子校の文化祭に行くっていう文化があって、麻布や駒東（駒場東邦）、海城とかに行く子が多かったですね。やっぱり目立つグループの子が麻布の子と付き合ったり。一線を画してる空気がありました。麻布の子は交際なれしてる印象でしたね」

たしかに麻布は男子校の中でも独特のポジションです。開成や武蔵の男子には接触できても麻布は手が届かない感が……。付き合う男子校のテリトリーを変えているというのはありましたか？

「目立つグループの子は他の男子校の男の子とグループで遊んでいたりしていたけれど、そうじゃない子は塾で知り合った子と付き合ったりしていたような気がします。私は全然関係ない大学生と付き合ってました」

Tさん、さすが同級生を一歩リードしてます。やはり付き合う男子校についての暗黙のルールがあったようです。でもそれでもときどきもめることはあったそうで……。

「目立つグループの子を見ていると、彼氏を取られた取られない問題で殺伐としている感じもありました。印象に残ってるのは、誰かの彼氏を取っちゃった子がいて、授業中に携帯の電源を切ってないといけないのに、彼女の携帯が意図的に鳴らされて先生に没収された、という一件がありました」

目立つグループも気苦労が絶えないですね……。

「恋愛に対するモチベーションが高めな人が多かったです。女学館の文化祭は当時チケット制で、生徒が呼んだ人しか基本的に来られないようになっていました。一人5枚チケットがもらえたんですが、目立つグループの人が目立たない人からチケットをもらう交渉が行われることも。他校の男子と一緒に回ってアピールする子もいましたね」

女子校でよくある光景かもしれません。あとは卒業してからわざわざ彼氏連れで母校の文化祭に行くというパターンもあります。

彼氏がいる率はどのくらいだったのでしょう？

「3、4割くらいでしょうか。交際経験がないと、目立つ子とかと対等に話せないように感じて、当時はとにかく彼氏を作りたいと思っていました」

交際経験が少ないとわかりやすいイケメンをスキになってしまいがちですが、女学館の女子にモテるのはどんな男子だったのでしょう。

「顔というよりかはイケてる風な雰囲気の人が人気だったように思います。皆渋谷で遊んだりするので一緒に歩いていると友達に見られることもあるから、そういう意味でも気を配っていました」

恋愛のモチベーションが高い女子校だと、男女交際の経験値が立ち位置とかヒエラルキーに影響することがあるんですね。しかも相手のランクも重要だという。女子校によっては真逆の、男子と交際してると白い目で見られる校風のところもあるので、入学前に自分はどちらのタイプが向いているか見定めたほうが良さそうです。

「女学館は早熟の子も目立つというか。かわいい子も多くて目を引くかわいい子がクラスに4、5人はいました。化粧はできないしマニキュアもだめだったんですが……」

それは天然の美少女ということです。早熟な女学館出身者からすると、受験と勉強は両立できるものなんでしょうか？

「交際しつつ受験している人もいましたよ。私も大学生の彼氏に勉強を見てもらっていました。私もそうでしたが、推薦で大学に行く人が多いというのもあるかもしれないですね」

なんと……そんなに羨ましい高校生活が。女学館は推薦枠が充実していてそれで人気の大学に進む人が多かったとのこと。まじめな女子校だと、普通に受験で勝負する美学みたいなものがあって、母校でも推薦入試の人は隠れて出願してたりしましたが（そして結構枠が余っていたらしいです）、恋愛しつつ自己推薦ってそんな素敵な進路があったんですね。

「恋愛と受験は両立できます」と、Tさん。世代なのか校風なのか、そんな調子で軽やかに、仕事と家庭も両立できそうなポテンシャルを感じました。不器用で頭が固かった当時の自分に教えてあげたい価値観です。

女子校フリーダム

そのやらかし、都市伝説レベルか

先日、某女子アナのテレビでの発言がネットニュースになりました。慶応女子出身のそのアナウンサーは、高校時代悪さをして反省文を書かされたそうです。透明感漂う知的なルックスとのギャップを感じました。書かされた理由については「言えない」とのことだったのですが……。自由な校風の慶応女子で反省文とは何をやらかしたのでしょう？　慶応女子出身のAさんに会う機会があったので聞いてみました。すると……

「私もそんなにほめられた生徒じゃなかったけど、反省文を書かされたことなんてなかったですよ。お昼にピザを取ったこともあったけど、先生に注意されたくらいです。あと、教室にエロ漫画が置いてあって授業中読んでる子もいたけどとくに注意されなかったですね。カンニング？　反省文というより普通に赤点になるんじゃないですか？」とのことでした。

「その女子アナはよっぽどのことをしたのか、もしくは私が卒業してから急に厳しくなったのかも」と、Aさん談。あのキュートなルックスでどんなことをしたのか想像が膨らみます……。


落ちこぼれ気味だった私も、中高時代悪事まではいかないですが、ちょっとした冒険をしたことはありました。友人何人かで、見回りの人をやり過ごして学校に泊まり込んだことも（結局学校が好きなのかもしれません）。翌日、寝不足で廊下で寝ていたら、数学の女性教師にホウキで追い立てられたことを覚えています。友人は、学校のガラスを割ったりして、卒業して四半世紀経つのに、同窓会で先生に「あなた！　いたずらばっかりしてた悪い子！」と言われたそうです。40代で悪い子呼ばわり。ただ、女子学院は校則がかなりユルかったので、締め付けられて反動で悪事に走る、ということはなかったです。

お嬢様学校で、問題になる行動とはどんなことなのでしょう。某お嬢様学校で世間知らずの女子が歌舞伎町のホストにハマって先生にバレて大変だったという話を卒業生から聞いたことがあります。厳しい女子校では、プリクラが先生に見つかっただけで推薦が取り消されるとか、冬に薄いタイツをはいていると始末書を書かされるとか、フラストレーションがたまりそうです。都市伝説の域ですが、ひざの裏側を見せてはいけないとか、自然の姿を保つためわき毛を剃《そ》ってはいけない、といった女子校のルールも聞いたことがありました。

憧れの名門女子校は意外とフリーダムな楽園

お嬢様学校として名高い、日本女子大学附属高校出身の知人Sさん（20代）に、話を聞く機会がありました。勝手に校則が厳しそうだと思っていたのですが、「校則はほとんどなくて自由ですよ」とのこと。

「すごい自由で、授業中カルボナーラを食べてる子もいました。周りは動じていなかったです。たしか親が偉い人でした」

私も授業中、早弁を何度かやりましたが、今思えば、あえて授業中食べる必要性はどこにもなかったです。ただスリルを楽しみたかったのだと思います……。日本女子大附属の場合は、平和で悪いことをする子もいなかったとか。

「不良や悪い子はいません。いじめもなかったです。ムカついて軽く無視する、くらいはありましたが。平和な雰囲気で、万引きとか盗難もありませんでした。私服もＯＫで自由な校風でした」と、Ｓさん。大学までエスカレーターで行けて居心地も良いなんて羨ましいです。

そしてこの学校でもお昼にはフリーダムな光景が。

「お昼休みにピザとか出前を取る子もいました」

この行為は、自由な校風でさらにお金持ち、という条件を満たしていないとできません。ピザとかデリバリーとか単価が１０００円以上します。安いパンを２個くらい食べていた自分には出前なんて発想ありませんでした。

「ちょっと悪い子といえば、先生に怒られない代わりにジャニーズに怒られていた同級生もいました」

ジャニーズに叱られる？　どういうことなんでしょう。

「その子はKis-My-Ft2のSのファンで、毎朝Sが登校するのについて行ってました。たしか都内の別の学校だったんですけど。それでSに怒られて、毎朝『Sに怒られた～』って嬉しそうに遅刻してきました」

学校が自由だと、怒ってくれる存在は貴重です。ちゃんと怒られるとそれだけ真剣に考えてくれてる……と思って余計好きになりそうです。

「当時はジャニオタとテニプリ（「テニスの王子様」）オタが多かったですね。授業中みんなこっそりサントラ聴いてキャーとか言ってました」

と、楽しそうすぎる女子高生活を教えていただきました。大学附属校の余裕も感じます。

ちなみに男女交際は盛んだったのでしょうか。

「うちの学校はあまりないですね。周辺の男子校は偏差値が低めだったので釣り合いがちょっと……。そもそも男女交際に興味ない子が多かったです」

と、名門校のプライドの高さを漂わせました。

以前、モテ系の女子校で、派手めのグループがテリトリーの男子校を決めている、という話を聞きましたが、男性を取り合うのは人間関係のトラブルのもとです。そのようなもめごともなく、大学受験も基本ないので殺伐としていない、恵まれていて性格が良い子が多い、という素晴らしい環境です。でもあまりにも女子校がフリーダムで快適な楽園だと、社会人になった時に現実の厳しさとのギャップを痛感してしまうかもしれません……。

厳しい校則について調べたいと思っていたのに、自由な女子校の話ばかり集まってきてしまいました。そして先日、校則云々《うんぬん》というレベルを超越した話を伺いました。エステティシャンのWさんは都会の某女子校のご出身。学力というよりも経済力はあるというお金持ちのお嬢様が集まっていたそうです。

「おこづかいが多すぎると、子どもの教育にはかえって良くないですね。クラスメイトに、クスリをやっている子がいました」

タバコ、お酒までは聞きますが、女子高生でドラッグとは……。

「彼女がやっていたのは、スピードでした。スピードは匂いがしないんです。トイレに行って炙《あぶ》って吸引していたみたいです。小さいアルミホイルをいつも持っていました。荷物検査されてもバレなかったようです」

意味深なアルミホイルを持ち歩く女子高生……やばすぎです。スピードは覚醒剤の別名なので、ダメ。ゼッタイ。です。

「お父さんがセスナ機を持っている社長でした。おこづかいが多額で興味本位で手を出してしまったんでしょうね。クラブかどこかで入手したのでしょうか」

瞳孔が開いたり、見た目に変化が表れそうですが……。

「瞳孔が開きっぱなしになって、体育の時間とかまぶしそうでした。バレないように前髪を伸ばして隠していましたよ」

だいぶ様子がおかしい女子高生です。彼女はどんどん痩せていったそうですが、年頃の女子としてはダイエット効果も嬉しかったのかもしれません。

「鼻から吸引すると直接脳に届きますから、一回脳が快感を覚えてしまうともう元の状態には戻らないらしいです」と、Wさん。ちなみに校則では「タバコは3回で退学、クスリは退学」だったそうです。Wさん自身は、進学コースの優等生だったとか。

「私のうちは父が警察官で厳しくて、マスカラやアイメイクをしていただけなのに『目の周りが黒いのは何か薬物やってるんだろう！　スピードなのか覚醒剤なのか白状しろ！』と言ってくるような環境だったのでとても悪いことなんてできませんでした」

学校が自由でも、親が厳しければ身を持ち崩すことはないようです。

「彼女は今どこで何をしているのかわかりません」と遠い目をして語るWさん。元気で生存していれば良いのですが……。

今回わかったのは以下の点です。

- 自立心や自制心が保たれていれば、校則がユルくてもＯＫ
- 校則が厳しすぎると反動で変な行動に出てしまうことがある
- 好奇心旺盛な中高生にお金をあげすぎると、堕落する危険が

でも、全ては20年くらい経てば、黒歴史も含めて思い出の１ページです。ちょっとした悪事も武勇伝として語り継いだりできるので人生にムダなことはありません。ただしクスリは人生を破滅させるのでダメ。ゼッタイ。です。

雙葉の秘密の風習

雙葉出身のインフルエンサー女子にインタビュー

フランス大使館で催されたフランスの観光地ＰＲイベントに伺った時のこと。フランス人の中でフランス語を流暢に操る若い日本人の女性がいました。不肖私はアテネ・フランセやアンスティチュ・フランセ東京にちょっと通って、挫折した過去があるので、フランス語ペラペラの彼女に、どちらで勉強したのか聞いてみると、「中高でフランス語を選択していた

んです」とのことでした。「どちらの学校ですか？」「雙葉です」そう聞いて納得させられました。

そのSさんという女性はユーチューブチャンネルを持っていて、登録者数も数万人いてかなりの人気のようです。あとで拝見したらフランス語で、フランスの文化や語学、勉強法についてひとり語りを繰り広げていて圧倒されました。雙葉出身のユーチューバーでフランス語ができるSさん、ニュータイプの女子校出身者として、改めてお話を伺わせていただくことができました。

お会いしたのはSさんと同級生のOさん。Sさんは中学からで、Oさんは小学校から雙葉だそうです。お2人とも容姿端麗でどことなくお嬢様感が漂っています。

小学校から雙葉というと、お嬢様だらけの環境だったのではないでしょうか。Oさんに伺うと謙遜しながらこんなエピソードを教えてくれました。

「私は庶民の方なんで。でも部活のあとのお泊まり会でいろんな人の家に行ったんですが、大豪邸でびっくりしたこともあります」

「小学校から来る人はかわいい子ばっかりですよね。顔で選んでるって噂《うわさ》もあったくらいで」とSさんは指摘。

たしかに雙葉出身は周りの知人を思い返しても美人が多い印象です。受験で選ばれているかどうかは謎ですが……きっと皆さん前世の行いも良いのでしょう。

「あと、皆、だいたい言葉遣いがきれいです。ごきげんようとかは言わないけれど、ふとしたときに出てくる言葉が美しかったり。先生に暴言吐いたり汚い言葉は使わないですね」と、Sさんはおっしゃいます。

「平均的な女子高生より優しい言葉を使ってたと思います。例えば、男っぽい言葉は使わない。『じゃねえじゃん』ではなく『じゃなくない？』みたいな」

もちろん先生のことを「先公」と言ったりすることもないそうです。その言葉選びの美しさが、外見ににじみ出てさらにきれいに見えるのかもしれません。女性として見習わないと、と思わされます。

皆、見た目や言葉遣いだけでなく心も美しく、いじめも基本的にはなくて平和な空気だったそうです。

Sさんは「女子校は陰湿なイメージあるんですけど、そんなことはないです。もちろん派閥はあったけど、みんなで1人をいじめるとかはなくて平和でした。お昼を食べるときのグループもいろんな種類があって、キャピキャピしてる校外に彼氏がいるグループや、漫画が好きで語り合ってるグループ、あとはスポーツや公演系の部活に属している人は部活単位で食べてました。それぞれ認め合っている雰囲気でしたね」とおっしゃいます。

お昼一緒に食べるグループは、中高生だった時の懸案事項でした。活発な部活に入れば部活の人と一緒に食べられるという保証があって、処世術として良さそうです。

ちなみにギャルはいたのでしょうか。

「ギャルはいないです。髪染めてる人はいなかったですね」

不良行為をする人も……もちろんいないですよね。

「そういった人はいないです」と笑顔で答えるOさん。

「学校帰りにアイスを食べているのが見つかって怒られたり、そのくらいです」と、Sさん。

平和でアットホームで心のきれいな人ばかりで、結界に守られた聖域のようです。

そういえばちょっと前に四谷ですれ違った雙葉生が、自分が家で口ずさんでいた聖歌をお父さんが覚えてお風呂で歌っていた、というエピソードを話しているのが聞こえて、微笑《ほほえ》ましくて心が癒されたことがありました。心身を浄化したい時など、四谷方面に伺いたいです。

さらに話を伺うと、雙葉の秘密の風習が明らかに……。

一般的な中高の青春のワンシーンとして、卒業式の時に好きな先輩から第二ボタンをもらう、というセレモニーがあります。女子校ではそんなときめきとは無縁、と思うのは早計かもしれません。

女子校の風物詩として運動部のかっこいい先輩に憧れるといった風潮はよく聞きますが、雙葉ではどうなのでしょう。

「部活ごとにいますね」とOさん。そしてSさんは、

「年に1回球技大会と運動会があって、運動系部活の人が中心になり試合に出たりします。そこでかっこいい先輩がいると人気になったり。あとは、演劇部や音楽部などにもそれぞれ人気の先輩がいますね」とおっしゃいます。

バレンタインデーとかに先輩にチョコをあげるとかあるのでしょうか？　そう伺うと、意外な答えが。

「バレンタインは友達のイベントです。みんな全員分作ってきて全員と交換みたいな」と、Sさん。数十個大量生産するんですか？　大変そうですが、社会人になった時にそのスキルは生かせるかもしれません。

「自分で作るのが苦痛な場合、買ったチョコを詰めてる人もいました。参加しない人もいま

すが。とくに強制ではなく、なんとなくはじまった風習です」と、Oさん。

数十個にもなると、買うより作った方が安上がりかもしれません。購入したら数万円はかかりそうです。経済力があるなら可能ですが……。

「大きいケーキを作って賽の目に切って配ったりしていました」というSさんのやり方が現実的で良さそうです。

「社会人になってからのバレンタインは、どこまでの人に渡すとか結構悩むので大変ですよね。友チョコの方が楽しかったです」と、Oさんは昔を懐かしみました。

それでは先輩とのメモリアルなイベントは何があるのでしょう。

先輩と後輩をつなぐ運命のアイテムは意外すぎる日用品

「バレンタインよりも靴ひもですね」

その想定外の言葉に耳を疑いました。えっ靴ひもですか……?

「先輩に告白するのは靴ひもでします」

何かパワーワードを聞いた感が。どういうことか教えてください。

「うちの学校のならわしで、好きな先輩の靴ひもをもらう文化があるんです。毎年、学年ごとに色が決まっていて、学年が上がるごとに靴ひもの色も変わります。学年が変わるタイミングで、好きな先輩にいらなくなった靴ひもをもらいにいくんです」というSさんに、「第二ボタン的なイメージです」とOさんは補足します。赤、ピンク、緑、黄色、水色、紫、といった学年カラーに合わせて靴ひもの色も毎年更新するとか。

第二ボタンは心臓に近いといういわれがありますが、靴ひもはどんな効能があるのでしょう。ヨガの教えではエネルギーは高い方から低い方に流れ、足から出るという説があるので、

そういう意味では靴ひもには先輩の高いレベルのエネルギーがチャージされているかもしれません。

具体的にはどうやってもらいにいくのでしょう。この風習について興味が尽きません。

「まず、3月頃に先輩の教室に行き、『靴ひもください』と予約しにいきます。そして4月になったら先輩が渡してくださるという流れです」

Sさんによると、靴ひもをもらいに行く時は本当の告白みたいに緊張するそうです。想像するだけでドキ

ドキしますし、自分が先輩の立場になったらその時期そわそわしそうです。

「先輩の教室に行って誰々さんいますか、と呼んでもらうんです。緊張感ありますね」

「誰かについて来てもらうこともあります」と、Oさん。

風習として確立されているからこそ違和感なく受け入れられる申し込み。ちなみに私よりちょっと年下の雙葉出身の女性に聞いたら、この風習はすでにあったそうで、少なくとも20年以上、たぶんもっと昔から続いている伝統のようです。

靴ひもは上履きが一番人気で、それが品切れになると体育シューズの靴ひもになるそうです。人気で4本全て予約済みになって、わざわざ新しい靴ひもを買って後輩にあげる人もいたとか。四谷近辺の靴ひも業者は売れ行きを不思議がっているかもしれません。

お2人とも、それぞれもらったりもらわれたりした体験があるそうです。

「私は中1の時、中3の憧れの先輩にもらいました。高1の時はそんなに魅力的な先輩がいなくてもらわず、高2の時はもらいました。もらわれる側になると、1回申し込まれると次の年ももらいに来てくれるかドキドキ感がありますね」と、Sさん。

次の年、別の先輩にもらいに行っている後輩の姿を目撃すると、軽くショックだとか。

1本ももらわれない先輩も……もちろんいるそうです。

Sさんは「部活によって先輩後輩の距離感が違います」とおっしゃいます。

「体育会系や演劇部など上下関係厳しめなところは、先輩に憧れる傾向があって靴ひもの風習も盛んです。科学部や手芸部など、週一しか活動しなくて、アットホームで仲がいい感じの部活は先輩があまり憧れの対象にならないというのがあると思います」とOさん。やはり適度な上下関係や緊張感があると、先輩への畏怖の気持ちが高まるのでしょう。そして、至高の存在の先輩のエネルギーがこめられた靴ひもを欲するようになるのです。

「人によるんですけど、プレゼントや手紙を渡して靴ひもをもらう後輩がいたり、逆に靴ひもと一緒に小さいプレゼントを渡してくれる先輩もいます」

ちなみに靴ひもの汚れは……。

「先輩によってはきれいですね」と、Oさん。

「汚れているほうが使ってる感があって嬉しかったり。でも私は洗ってから渡してました」と、Sさんはマニアックなコメント。

ちなみに靴ひもだけでなく、運動会の伝統の踊りで高3の先輩が両手に付ける花飾りを、後輩がもらいにいく風習もあるそうです。知人の雙葉出身者の方は、先輩にもらった花にバラの香水が吹きかけてあって、そのセンスにますます憧れが高まったと思い出を話していました。花の飾りとかだと女子校っぽくてわかりやすく美しい風習です。靴ひももマニアックで独特で素晴らしい風習ですが……。たぶん清らかで美しい雙葉生からなら、何をもらっても、（たとえ靴の中敷きでも）良い思い出になるような気がします。ちなみにもらった靴ひもはそのあとどうなるのでしょう。

「私は今も先輩のを持ってます」というSさんに対し、「家にないので捨てた気がする（笑）」とドライなOさん。保管状況も人それぞれのようです。

先輩と後輩をつなぐのは、運命の赤い糸ならぬ、運命の靴ひもでした。今の自分には靴ひもをもらいたいくらい尊敬する存在はいるのか……改めて考えさせられるエピソードです。

日豪の女子校の青春ギャップ

男女の出会いは、文化祭のあのゲームから

東京の女子校には、男女交際が盛んな学校とそうでない学校があります。最近、中央線沿いの某女子校出身の知人から話を聞く機会がありました。私は男子とはあまり縁がない女子校だったので羨望まじりに伺いました。

「うちの学校は見た目がおとなしそうな子でも男遊びしていて、しょっちゅう合コンしていましたよ。当時流行っていたパー券（パーティー券）を配ったり。合コンの相手は法政二高や明大中野です」

男子校側も適度に世慣れてそうなので盛り上がりそうです。女子校の良い面は、共学のように男子をめぐってもめることが少ない、という点ですが、大多数の女子が同じ男子校と交流があると、やはりいさかいが発生することもあるとか。

「男の子を取り合って、そこで亀裂が生まれます。昨日まで仲が良かったのに、急に口もきかなくなったり……」

話を聞かせてくださった方は、当時野球観戦にハマっていたので、男子をめぐってのトラブルとは無縁だったとか。異性に気を取られず、平和に生きることもできます。ちなみにその女子校で男女の出会いの場というと、文化祭が多かったそうです。

「当時文化祭の出し物で『フィーリングカップル5対5』というのが流行っていて、皆それにかける意気込みがすごかったですね。フィーリングカップルをきっかけに交際したり、そのつながりで合コンしたり……」

今も「フィーリングカップル」の風習はあるのでしょうか。私も遠い昔、苦い思い出があり、海城高校の文化祭でフィーリングカップルに参加したら、他は皆イケてる系の男女で、私はもちろん誰にも選ばれず、そのまま教室から走り去ったという黒歴史が……。

日本の女子校は文化祭や合コンなど、数少ない男子と交流するチャンスに賭けて、玉砕し、しばらく心が折れたりして、結構リスクが高いです。

そもそも女子校の先生側も男女交際を推奨していないし、もちろん親の目も厳しいので、後ろめたい気持ちを抱いて、バレないようにドキドキしながら男子と接触しなければなりません。それが大人になって、悪い意味で潜在的に影響を及ぼしているのではないかと思います。多感な時期にずっと男女交際を禁じられ、監視されていたのが、適齢期になったからといって急に男女交際を勧められたり、結婚を促されても戸惑うばかりです。異性交遊＝悪いことのように刷り込まれていたので、大人になって親に恋人を紹介することも精神的にハードルが高くなってしまいます。学校でも家庭でも、もっと自然に大人へのステップを上れれば良いのに、と思います。

オーストラリア、公立と私立は別世界

その思いを新たにしたのが、先日オーストラリアで聞いた話でした。オーストラリアに仕

事で行ったのですが、現地でメルボルンの名門女子校に娘さん二人を進ませたという女性、Hさんと話す機会がありました。女子校について常に調べているので、オーストラリアの女子校はどんな感じか興味津々で聞いてみました。

娘さん二人は小学校は地元の公立校だったとのこと。

「公立小学校はすごい自由で、寝転がって授業を受けたりしていました。ただそのまま公立中学に進むと、周りの生徒の学習意欲も低いし、高校でタトゥーが入っている子がいたり、先生のレベルもいまいちなので、受験させることにしました」

娘さんの一人は、留学生の受け入れも積極的に行っているMLCという女子校に入ったそうです。その女子校のサイトを見たら、制服はワンピースでかわいいし、進学実績も素晴らしく、メルボルン大学に多数進学。ちなみにメルボルン大学は世界の大学ランキングでは東大よりも上のようです。日本だけで狭い価値観の中で生きていたことを痛感しましたが、きっと当時の私の家は、海外留学させる金銭的余裕はなかったです。

Hさんは「娘二人私立で年に500万円くらい学費がかかっている時期もありましたよ」とのこと。「それは……もっと親に感謝した方がいいですね」「本当ですよ」。

日本の私立女子校の学費と比べると年間2倍はしそうで、留学したくても経済的に余裕がないと厳しいです。

「女子校ライフは楽しそうでしたか?」

「こっちの女子校は8年生、9年生くらいになると男子校と交流していて、社交界デビューのパーティーもありますよ」

「社交界デビュー? プロムみたいなものですか?」

「そうです。ドレス着て、男子校のＢＦ《ボーイフレンド》が迎えに来てエスコートしてくれて、ダンスを踊ったりします」

アメリカの学園ものの映画で観てさんざん憧れた風習ですが、オーストラリアでもあるんですね。ただ、もし私がオーストラリアの女子高生だとしたら誰もエスコートしてくれる人が見つからなさそうですが……。

「ぼっちの子はどうなるんですか?」

「姉妹校の男子校の中から、相手がいない人は割り振られたりするので大丈夫です。娘が交流があった男子校はスコットランド系の格式の高い学校だったので、そこの生徒とうまくいってほしかったんですが……」

将来有望な男子がタキシードでリムジンに乗って迎えに来てくれる……素晴らしすぎる青

春が羨ましくて涙がにじんできました。景色が美しく天国のようなメルボルンで、美男美女の高校生がパーティーで談笑しているビジョンが……。

「パーティー会場は桟橋のレストランで、船をチャーターして行ったり。女子はドレスアップしてヘアメイクもして、お金持ちの子は全身ブランドだったり……。パーティーの費用ですか？　結構かかりますね」

もし、オーストラリアで女子校に通ったら……と、妄想しようとしても、経済的なことを考えると現実に戻ってしまいます。教室でフィーリングカップルしたり、すすけたボーリング場で男子と遊ぶくらいが、身の丈に合っていたようです。

「親としては娘が大人になったようで感慨深いです」と、Hさん。

オーストラリアでは、男女交際に関しては寛容のようです。

「小学校の時から、BFが家に遊びにくるのが普通でした。普通に泊まっていったりしますよ。こっちには日本でいうラブホみたいなものがありませんし。私は日本人なので最初はびっくりしました。でもオーストラリア人の夫は『いい奴だからいいんじゃない』って」

えっ！　実家に男子が泊まりにくる……？　もし高校時代そんなことをしたら、親が厳格だったので、尼寺か修道院に行くように言われてしまいそうです……禁止しすぎるのも良くないと今の自分を見て思いますが……。

「友人の日本人男性で、家に帰ったら娘とBFがソファで一緒に寝ているところに遭遇したそうです。BFは寝たままの姿勢で『ハーイ』と片足を上げて挨拶してきたとか。それはさすがに頭に来たと言ってました。オレが買ったソファなのに、って……」

最初はショックを受けても、だんだん現地の風習に慣れていくのでしょう。

親や学校の目を盗んで異性交遊する日本と、公認の上オープンに交流するオーストラリア。禁止や抑圧まみれになるよりも、オーストラリアの女子校の方が自然に大人になれそうですが、パーティーにかかるコストやそこで生まれる女子のヒエラルキーを考えると、全ての人がリア充になれるとは限りません。オーストラリアの女子校生活、話を伺って妄想だけさせていただきました。

伝説の桜蔭卒業生、水森亜土さんにインタビュー

半世紀以上も女の子たちの心をつかんできた〝先輩〟

女子校のカルチャーを語る上でレジェンド的な先輩の存在を無視することはできません。水森亜土さんは1960年代からイラストレーターや歌手、テレビタレントとして活躍。2020年代になってもかわいいイラストの亜土ちゃんグッズは大人気で、かつて少女だった人たち、そして現代の若い女子たちの心を半世紀以上もつかんでいます。個人的にも幼稚園時代から憧れの存在でした。それから月日が経ち、亜土さんが実は桜蔭出身と知って驚き、ますますリスペクトの気持ちが高まりました。2020年、弥生美術館で個展も開催されていた水森亜土さん。イラストの絶妙な彩色はセンスと知性を感じさせます。日本橋で生まれ育った生粋の江戸っ子で、桜蔭ご卒業後はハワイでまた高校に入ったという異色の経歴の持ち主。多感な時期を女子校で過ごしたことが水森亜土さんにどんな影響を及ぼしたのか、メールでお話を伺ってみました。※

——亜土さんの自由な表現力は中高一貫教育で育まれたという部分はあるのでしょうか？

「規律の厳しい学校だったから、逆に『長い物には巻かれないぞ!!』という反骨精神から生まれたんじゃないかな」

亜土さんの女子校時代については著書『右向け〜っ、左!!』（というタイトルにも反骨精神が……）でも触れられています。「ジュウシマツのヒナを連れて登校していたこともあった

ジュウシマツと一緒に登校した亜土さん
チュン
チュン
授業中は先生の目を盗んでスポイトでエサをやっていたそうです
桜蔭の授業を受けた唯一の鳥かもしれません

んですよ」という記述に驚きましたが、中学時代から独自の世界を確立されていたようです（ちなみに写真も載っていてかなりの美少女でした）。

――桜蔭では美術部とかに入っていたのでしょうか？

「美術部ってあったかしらね……。（↑入っていない）下駄《げた》の形みたいに四角い顔の男の先生が教える工作の時間があったんだけど、それは楽しかったわねー」

――ジャズ歌手として活動されていますが桜蔭の音楽の授業は楽しかったですか？

「美人の音楽の先生だったんだけどえこひいきでね、いつも同じ声のいい子にしか歌わせなかったから、なんだよーって思っていたわ」

先生に対する観察眼の鋭さを感じさせるエピソードです。

——『右向け～っ、左!!』によると当時はお茶の水女子大学附属が女子校ではトップだったとのこと。現代とは人気校も違いそうですが、他に行きたい女子校はありましたか？

「お茶大附属はなんかツンとしている感じで、そこが羨ましかったかしら」

——当時の桜蔭は経済的に裕福な子女が多かったのでしょうか。

「わからないわ」

——亜土さんのように都会の女子が多いのでしょうか。

「わからないわ。四つ葉のクローバーの誓いを交わした当時の親友は神田や巣鴨から通っていたわ」

「四つ葉のクローバーの誓い」とは本にも書かれていましたが「ともに白髪になるまで友達でいよう」とかたく誓い、お揃《そろ》いの四つ葉のクローバーのバッジを作った4人組だそうです。神田や巣鴨、みなさん江戸っ子ですね。


母もそして妹も、受け継がれる桜蔭の遺伝子

——入試で覚えていることはありますか？　かなり難しかったのでしょうか。

「難しかったわねー。私、追い詰められないとやらないタイプだったから一夜漬けのように徹夜してフラフラになりながら受けたわ」

なんと亜土さんのお母さま、そして妹さんも桜蔭という桜蔭ファミリーだったそうです。もしかして直前の勉強で受かったのでしょうか……。桜蔭遺伝子を受け継いでいる余裕を感じさせます。

——亜土さんは女子校では女子にモテそうですが、いかがでしたか？

「小さいころから冒険小説が好きでなりきったりして独自の世界に入って、世間一般に目がいかなかったから、女子校の時はモテるとかいう以前にみんなと合わせるチャンスもなかったわよね」

ご自分で完結されていたのかもしれません……。

——かつて言われていた女子同士のSみたいな風習は桜蔭でもあったのでしょうか。

「お姉さまと妹みたいなSの世界に憧れてね。でもお姉さまがなかなか見つからなくて……」

——当時、好きな先輩とかいらっしゃいましたか？

「あまり美人でないお姉さまにあんみつ屋に誘われたことがあるわ。お古のブラウスをくれたり親切にしてくれたのが嬉しかったのを覚えているわ」

「あまり美人でないお姉さま」……この一言で当時の風景をリアルに想像してしまいます。

——女子校でよかったこと、逆に女子校のよくない影響はありますか？

「女子校って夢チックな乙女の団体みたいでよかったわ。近くに男子校があったんだけど『男ってダサイ！　かかわりたくない』なんて思ったり。でも通学中に一人だけかっこいい子がいてドキドキしながらチラ見で終わったりね」

近くの男子校というともしかして昭和第一高校でしょうか（当時は男子校）。90年代に昭和第一高校のバッグが女子高生の間で大ブームになりました。イケメンも多そうです。

——当時桜蔭でBFがいる子はいましたか？　男子との交流があったら教えてください（仲が良い男子校など）。

「わからないわ」

——制服がださかったと本で書かれていますが、セーラー服が当時おしゃれなイメージだったのでしょうか。

「そうよ。セーラー服くらいステキな制服はないわ」

本には、近くの共立女子のセーラー服に憧れたと書かれていました。

「それに、なんてったって、スカートにひだがたくさんあるの！　こっちは前と後ろで3本

3本よ～」

桜蔭のストイックな紺の制服も素敵ですが、デザインや芸術に造詣の深い亜土さんはひだの数など気になってしまうのかもしれません。

「地味で目立たないまじめな制服が不満でした」と、亜土さんはおっしゃいます。

――女子校の友達とは今も交流ありますか？　「四つ葉のクローバーの誓い」の親友とは今も仲良しなのでしょうか。

「おたけはライブ観に来てくれたり、ライブの後呼び出したりして交流があるわ」

亜土さんは全然白髪ではないので「ともに白髪になるまで」ではないですが、友情は続いているようです。

――桜蔭出身の後輩で有名人で注目している方はいますか？

「後輩は知らないけれど、先輩はいるわ！　お母ちゃん！（亜土の母である美子さんも桜蔭出身）」

お母様は料理上手で小原流のお花の先生で、帽子を作ったり絵を描いたり、すごい才能の持ち主だったそうです。

――2020年、桜蔭は85人も東大合格者を出しました。トップを独走しています。そんな桜蔭について思われることはありますか？

「これから（桜蔭が）威張るわね！」

——大人になってから、水森亜土さんが桜蔭出身と聞いて周りからはどんな反応がありましたか？

「特にないわ」

桜蔭出身というブランド感にご本人はとくに関心がないみたいで、都会人の粋を感じます。

——本によると、桜蔭卒業後に入ったハワイの学校（モロカイ・ハイスクール）も楽しそうでしたが、日本の女子校との違いといえばどんな部分でしょう？　ハワイでは男女の交遊も盛んだったのでしょうか。

「ハワイの学校ではフラダンスの女王とかいて、フラショー（フラダンスのショー）を追っかけて島の反対側まで観に行ったりしたわ。デートの前はみんなミドリ色のペパーミントソーダを飲むのよ。吐く息がミントのいいにおいになるから、飲んでる子を見ると、あっデートなんだな、って。

ハワイは女子校もないし、厳しい規則もないフリーダムなスクールライフだった。同じ学校のタヒチアンダンサーの子の中にはすでに子どもがいる子もいたり。若くしてお母さんになっている子を見て思ったの。フリーに憧れていたけれど、若いうち（ティーン）は厳しい規則があるって良いことなんだって。厳しい規則があってフリーに憧れるくらいが良いのね」

フリーダムすぎる学校に通って、適度に厳しい女子校の良さを知る……実際体験した人だけが言える言葉です。亜土さんのように厳しい校風からの反骨精神で、自分の道を見つける人もいます。

――生まれ変わっても女子校、そして桜蔭に入りたいですか？

「生まれ変わったら鳥とか、人間じゃないのがいいので女子校にも桜蔭にも入らないわ」

人間という枠にもとらわれない自由な魂の持ち主でいらっしゃいました。人間以外に生まれ変わっても、桜蔭での教養が魂に刻まれていたら最強かもしれません。女子校は生きる力を養ってくれます。

※　水森亜土さんの答えの部分は、メールでお送りしたインタビュー内容について、亜土さんの劇団の事務所の方が電話で聞き取って書き起こしてくださいました。

女子校の怪談

嫌な予感通り〝噂〟のある部屋を割り振られて

多感な女子が集まると、時々超常的な力を引き寄せてしまうことがあります。私が通っていた女子校でも、中学のとき、○っくりさん（怖いので伏せ字）が流行ったことがあります。何人かでテーブルを囲み、10円玉に3人で手を添えます。そしてしめやかに○っくりさんを呼び出して、聞きたいことを問いかけ、50音を書いた紙の上を10円玉が動くのに任せます。あるとき、○っくりさんを一緒にやっていた女子が「私が行く大学はどこですか？」と聞いて、あきらかに本人が「あ、お、が、く」と希望の学校名の文字に向けて動かしているのを見てから、なんとなく醒《さ》めてしまいましたが……。結局、降霊とは関係なく潜在意識や自己暗示で動いているという説もありますが、当時の女子はわりと信じていました。ある女子は○っくりさんにハマりすぎてしまい、黒板にグルグルと円を描きながら「たすけて～、○っくりさんが出て行ってくれない～！」と半泣きで助けを求めていましたが、皆なす術《すべ》もなく見つめるだけでした。そのうちブームが収束し、高校になるとさすがに手を染める人はいなかったです。

中学時代の広島の旅では、原爆の被害が大きかった土地に建っているホテルに宿泊したこともあって、感度の高い女子が何かを感じて怖がっていました。エントランスの自動ドアが誰もいないのに開いた、というものから、「部屋の鏡に馬の霊が映った!」と怯《おび》える子もいて、謎の現象も発生……。多感な女子が泊まりがけの旅をすると、ハプニングが起こりがちです。恐怖や不安が呼び寄せてしまうのもありそうです。部活の合宿で使われていた御殿場の古い寮で、1階のある部屋に霊がいるという噂があり、いやな予感がしていたらその部屋に割り振られ、ばっちり金縛りに遭ってしまったことがあります。

他の女子校では不思議な現象はあるのでしょうか。最近会った女子校出身者に聞いてみました。小学校から某学園に通っていたMさんは、「中学ではあまり聞かなかったですが、小学校の時は、マリア様の像のおでこに血がついている、という現象があったようです」と教えてくれました。聖母マリア像が血の涙を流したりする現象は世界各地で報告されています。地球のこれからを背負う少女たちのことを心配してくれているのかもしれません。

逆に、心霊現象を聞いてもとくになかったのが日本女子大学附属中高。「裏の森にタヌキがいて危ないから気を付けるようにいわれていました。生徒手帳にも一人で森に入ってはいけません、と書かれていたり。生物の授業のとき、森に入ることがあったんですがビクビクしてました。軽井沢の寮で研修中にイノシシが出たこともありましたね」と、のどかです。自然に囲まれている環境で、常に浄化されていて不成仏霊が近付けないのかもしれません。

特殊な能力が開花する女子校も……

ある女子校では講堂に幽霊が出るという噂も……

某女子校に通っていたSさんは、「講堂は古くて霊が出るという噂がありました」とおっしゃいます。最近はリニューアルされてきれいになったようですが、かつては怪現象を調査する番組が取材に来たこともあったそうです。

「霊の声が録音できたみたいです。私も、校長先生の話を聞いていて異次元にトリップしそうになることが度々ありました。なぜかジャワ島のボロブドゥール遺跡のビジョンが見えたことも……」

学校に関係している人の思い出の地なのか、それとも第二次世界大戦に関係しているのでしょうか。

「戦争の空襲が激しかった場所らしく、霊が多い感じはしましたね。あの講堂は意識がトリップしやすい異次元の入り口みたいな場所でした……」と、遠い目をするSさん。ただ怖い霊体験というよりも、異次元体験ならちょっと楽しそうです。世の校長先生は、女子が居眠りしているように見えても、怠けているばかりではないと知ってほしいです。その場所の磁場のせいで異次元に行ってしまっているだけかもしれませんので……。

強烈な体験をしたのは都内の歴史ある某女子校出身のKさん。色白で霊感ありそうな風情の20代前半の美女です。

「子どもの頃から、私にだけ見えるお姉さんの霊が遊び相手をしてくれました。彼女が持っている携帯はかなり古そうな機種でしたね。中学に入ってからは、吹奏楽部の練習をしている時など、たまに左耳に男の子の歌声が聞こえました。何度も聞こえるので、青少年センターに行った時に、その男の子に、ごめんね、と謝って置いてきちゃいました」

などと淡々と語るKさん。その学校で霊感少女は彼女だけではなかったそうで、そういうポテンシャルをもった女子が引き寄せられていたのかもしれません。

「クラスメイトに『ワープができる』といっていた子もいました。彼女は時々話しかけても反応をしなくて、そんな時にワープしているみたいです。『私たちは同じ時空にいっぱいいて、行きたい場所に〝スーン〟って行けるんだよ』ってよく言ってました。例えば休み時間に家にワープして冷蔵庫を開けて飲み食いして帰って来たりするそうです」

育ち盛りで食欲旺盛な年代の女子にとっては、ワープは嬉しい特殊能力かもしれません。家の食べ物なのでお金もかからないです。他にも悪魔が見えるというクラスメイトもいたとか。そんな級友の話を普通に受け入れていたKさんは、校内でさらなる恐怖体験をすることに……。

「あるとき、夕方遅くまで学校にいて、ふと自販機に飲み物を買いに行こうと思い、校舎の階段を下りていきました。その途中に音楽室があるんですが、真っ暗でドアも閉まっていて人の気配がないのに、中からピアノの音が聞こえたんです。しかも超絶技巧で激しく弾いていました」

一瞬ドアを開けてみようかと思いましたが、誰もいなくて勝手に鍵盤が動いていたらイヤだと思って、怯えながら通り過ぎたそうです。自動演奏ピアノでは……ないですよね。

「あとから聞いたのは、校長先生の亡くなったお母様がピアノが好きで、遺骨を音楽室に置いていたそうです……」

お母さん思いの先生ですが、さすがに遺骨を学校に置くのはどうかと思います。他にもKさんは長崎の修学旅行でも怖い体験があったそうです。

「平和の像の前で記念撮影していたら、友達が『木の陰に兵隊さんがいっぱいいる』って……。怖かったんですが無理矢理テンションを上げて『いえーぃ』みたいなノリで笑顔で写真撮影にのぞみました。ただ不思議なことに、できあがった写真には暗い顔で、顔に影がきてドロドロした感じで写っていたんです……」。霊フィルターが勝手に作動したようです。

これまで話を聞いた中でも最も霊偏差値が高かったのがこの女子校の話でした。女子校も進学実績だけでなく、第六感が養われる、という売り文句で生徒を募集しても良いかもしれないと思いました。異次元にトリップしたり、ワープしたり、思春期の女子のポテンシャルは常識でははかれません。

神戸女学院という異次元のシチュエーション

伝統的符牒「ごふ」とは何か？

145年の歴史を持つ関西屈指の名門校、神戸女学院中学部・高等学部には、心のどこかで憧れを抱いていました。東京の私立校には実現不可能な、山を利用した自然豊かで広大な敷地に、有名建築家によるスパニッシュミッション様式の美しい校舎と庭園……。そんな素晴らしい環境で学んだお二方にお話を伺いました。タイプが違うけれど、それぞれの分野で才能を発揮されている2人は、京都大学出身で『左京区桃栗坂上ル』『女神のサラダ』など多数の著作があり、小説家として活躍している瀧羽麻子《たきわあさこ》さんと、日本漢字能力検定協会の部長で、文章読解・作成能力検定（文章検）・BJTビジネス日本語能力テストの普及と日本語能力育成支援活動に従事している山田乃理子《やまだのりこ》さんです。

学年的には3学年違っていて、もしかしたら校舎ですれ違っていたかもしれないそうです。「学年違うと交流なかったよね。阪神・淡路大震災があったので、一時的に仮設校舎でした。しかもその年の3学期はテストがなくて、全員、5段階評価で3がついて、私はその時一番成績が良かったです」と、山田さんは当時を思い出します。神戸女学院だと3を取るのも難しそうです。

「同じ学年は120人しかいないので、6年間一緒だとみんな知り合いになりますね。卒業後も母校愛が強い人がわりと多いです」と、瀧羽さん。中高6年一緒だと、運命共同体というか、ソウル同級生という感覚になるのはわかります。とくに神戸女学院のような、俗世から隔絶された立地だと、より一体感が高まりそうです。

写真を見ると、まるでヨーロッパの貴族の邸宅のような校舎で、神戸のお嬢様が集っているイメージです。

「いました、いました。うちは普通のサラリーマンだったけど少数派です。親はお医者さんとか会社経営されているとか」

と、山田さんは謙遜していました。いっぽう瀧羽さんは芦屋出身で清楚《せいそ》なワンピースが隠しきれないお嬢様オーラを放っているような。

「うちも普通の会社員です。当時はお互い、親の職業は気にしてなかったですが」とのことでしたが……。お嬢様エピソードでいうと、トイレのことを「ご不浄」や略して「ごふ」と呼ぶ風習があったとか。

大橋未歩目当てに文化祭は男子が群がる

ちなみに神戸女学院は、私服通学だったそうです。

「みんな本当に好きな格好してました。ロリータ系もいたし、ヒステリックグラマーしか着ない子も。私は古着がすごく好きで小汚い感じで高校行ってました。でも注意されたりはしなかったです」。瀧羽さんはかつては古着好きだったという一面が。意外と生徒はお嬢様ファッションではなく、普通に寒い時はスカートの下にジャージはいたり、快適さや自然体を大事にしていたようです。山田さんはパンツ系のファッションを貫いていたとか。

「完全に私服なんでジーパンはいてTシャツを着た瞬間で、はいはい、みたいになる。私服よりも制服の方が男子受けが良いのか、関西の女子校の中では甲南女子とか松蔭の方が男子校の人気が高かったです。ただうちの同期には元テレビ東京のアナウンサー、大橋未歩がいて、文化祭は彼女目当てに男子がいっぱい来てましたね」と、山田さん。近隣にも響き渡る伝説の美少女だったようです。

そんな山田さんは、大橋さんが出演した「あいつ今何してる?」（テレビ朝日系）で、彼女の気になる同級生として取り上げられたことがあるそうです。番組サイトで高校時代の写真を拝見したら、アンニュイで個性的な美少女で……女子校ではおモテになったのではないでしょうか。

「ショートカットだったからか、好きだって言ってくれる子もいましたね。交換日記してくださいって頼まれたり、バレンタインにチョコを渡されたりしました。かっこいい感じで扱われるのがちょっと辛かったので、意味がわからないふりをしていました」

モテる側の貴重なご意見を聞くことができました。たしかに女子校ではショートヘアでボーイッシュ系できれいな顔立ちだと、勝手に祭り上げられたりしがちですが、イメージで男役を押し付けられるのも大変そうです。気付いてないふり、わからないふりという処世術は賢明だったかもしれません。

平和で自由というより、心配なほどの警戒心のなさ

瀧羽さんの周りには、同性に憧れるカルチャーはあまりなかったそうで、学年によって雰囲気が違うようです。

「アイドルみたいな人はいなかったような。誰々が素敵、ってみんなで合わせる習慣がないというか。マイペースでした」

同調圧力もないし、いじめもない平和な環境だったとか。精神的に大人な方が多いのでしょう。

「スクールカースト的なものもあまり感じたことがなくて。みんな周りのことをそこまで気にしてないというか、けんかとか、誰と誰が気が合わないとかはあっても、いじめはなかったと思います。群雄割拠みたいな？　みんな同じじゃなきゃいけないとか、キラキラしなきゃとか、追い詰められるでもなく」。「群雄割拠」という四字熟語をさらっと出す、さすがの語彙力の瀧羽さん。山田さんも文章検定の仕事をしていて、自然と語彙がうずまいている会

です。

「自由の精神みたいなのがうたわれてましたよね」と、山田さん。神戸女学院は校則もほとんどないそうです。

「本当に自由ですね。制服の代わりに校章つけなきゃいけなかったんですが、忘れてもとくに罰則はなかった気が」という瀧羽さんに、

「あまりつけた覚えはないです」と、山田さんは回想します。校則が厳しくないと、反発したくて不良行為に及ぶ人もあまりいないというメリットが。

「放課後、街で見張りの先生に会っても逃げ隠れせず、『おー、何してんのこんなところで』と、屈託なく先生に話しかけたりしちゃうんですよね。その警戒心のなさが心配だと先生に言われたりしました」

とくに女子同士でいると警戒心はなくなって、温室や楽園のような居心地の良さがあります。男子がいないというのも平和を保つ要因でしょうか。

「それはあると思います。13歳から18歳の時、男の子の目があって、選ばれる選ばれないとか自分は何番目にかわいいと思ってキリキリするのは大変そうだなと今になって思います」

という瀧羽さんの言葉が腑に落ちます。

「彼氏がいる子自体少なかったですね」と、山田さん。

そして今に通じる、暗黙の女子校ルールみたいなものが。

「神戸女学院の友達には、自分の恋愛については言いづらいです。大人になってからも気恥ずかしくて言えない。あと、当時は付き合うなら共学より男子校が人気でした」とおっしゃる瀧羽さんに、

「中学から一緒だから恥ずかしいのかもしれない。恋バナとかしなかったです。あとは世間でいう性的な話、ファーストキスや初エッチはどうだったとか、全くしたことがない」と、山田さんも同意。

「ある意味、姉妹みたいなもので。お互いの子ども時代を知ってるから照れがありますね」と瀧羽さん。

世間は、女性が集まると、海外ドラマ「SEX and the CITY」みたいにえげつない性的トークを言ってるというイメージを抱いているかもしれませんが、女子校出身者のうち多くは下ネタは言うかもしれませんが、基本、自分の具体的な話は避ける傾向にあると思います。

私も同級生の結婚式に行って、スライドで初キスがどうこうというエピソードが流れた時、恥ずかしくてその場から走り出したくなりました。中1から知っていると、そういったこと

は想像しづらいです。ただ、人によるので、中には自分の初体験したホテルの部屋を撮影して皆に見せている子もいましたが……。

神戸女学院の話に戻りますが、生徒だけでなく先生にとっても楽園のような環境だったそうです。

「先生は好きなことを教えていて、先生同士も仲良さそうでした。ただ、今はどうかわかりませんが、いわゆる進学校という雰囲気ではなかったです。成績を貼り出されるとかもないし、勉強しなきゃというピリピリ感が薄いかも。成績が悪くてもそんなに怒られないから、自制心が問われる」と、瀧羽さんはおっしゃいます。

「教科書が終わらずに学年終わったりしますし。私は授業をたいして聞いてなくて、小学校から落ちる一方というか。目的意識がないとラクな方に行ってしまいます」という山田さんですが、無事に外部受験で合格できたそうです。

卒業してしばらく経った今、やはり思い出されるのは、素晴らしい環境や美しい校舎。山田さんは、

「人生で一番美しいものを日常的に見たっていう認識です。今でも美術館やきれいな建物を見るのが好きなのはその6年間があったからかな。当たり前に心地よく過ごせてたのが普通

じゃないんだって、今は思います。あのシチュエーションは現世から逃れられて、異次元に浸れます」と、遠い目でおっしゃっていました。そこまでとは……羨ましいです。
「素敵な噴水のある中庭やシェイクスピア作品ゆかりの植物を集めたシェイクスピア・ガーデンというのもありました。その影響か、今も緑がないと少しつらくて、山を見るとホッとします。学校まではわりと急な山道みたいなところを通るんですが……」と、瀧羽さん。足腰も鍛えられ、シニアになっても元気でいられそうな女子校です。
ちなみに東京都内の学校の環境について伺うと、
「近代的すぎて会社じゃんみたいな」（山田さん）
「街中にあると、こんなところに学校が、ってびっくりします」（瀧羽さん）
というコメントが。そう言われてみると、そうですよね。どこで育つかは運命なので自分ではどうしようもできませんが……。6年間の環境は大事だと、品格が漂うお2人を見て感じました。美しい女子校の思い出を少しでもわけてもらえて、ありがたい時間でした。

特別識者座談会

女子校の過去・現在・未来——外から見た顔と内側の素顔

女子校の内情を知る識者の方々に集まっていただき、女子校の変化や今後の展望について語っていただきました。参加者は、都内の女子校で広報の仕事をしているAさん、中学受験学習塾の先生で、姪《めい》が現在女子校に通っているBさん、同じく中学受験の塾の先生のCさんです。その世界ではキャリアが長いお三方なのでディープな話から女子校愛まで……刺激的な話を伺いたいです。

OGに愛される学校かどうか、それが問題だ

——まず、最近の女子校の人気の傾向について伺わせてください。

B　学校の人気度や偏差値は時代によって変わってきたんじゃないかって思われるかも

しれませんが、御三家は基本変わってないですね。中堅どころは昔は難しかったのに今は入るのが簡単になったところがあります。その逆もありますが。

C　女子校で人気が下がらないのは頌栄女子学院と女子美術大学付属。

B　女子美は特殊ですね。レベル関係なく受ける。

C　聖心女子学院が中学での募集をやめたのは残念です。4－4－4制を取り入れるそうで、あの学校は最先端を行ってます。世界基準って感じ。

B　ブランド力は圧倒的ですね。

C　雙葉ブランドとはまた違って。聖心だったらどこでも良いという親は結構いますよ。

B　不二聖心女子学院に行ったら富士山が見えて、環境がすごく良かった。

C　敷地が広すぎて「校舎から見えない所で遊んではいけません」という校則があるんですよね。

――入りやすくなったのはどこの学校でしょうか？

B　跡見学園とかじゃないですかね。25年ほど前は雙葉を受ける子が併願していてレベルが高かったです。ここ1、2年で復活しつつありますが……。

A　卒業生のお子さんを優遇してしまったというのもありますよね。難関コースを作ったり午後入試をやってみたり、いろいろやっちゃったんです。そしたらOGから不評だったようで。

C　ちょっと迷走してますよね。伝統あるのにもったいない。私には年子の59歳の姉がいるんですが、跡見に行きたがってたけど、お金持ちのお嬢さんが行くところだって、親にむりやり志望校を桜蔭に変えさせられていた。美術室とかお茶室は、女子校の中でもナンバーワンだと思う。

――「ごきげんよう」の挨拶の発祥元だったり、「はいからさんが通る」のモデルの名門女子校ですよね。

A　昔はお嬢さん学校ですね。今はOGも譲歩して支援しているので復活してきています。

B　OGに愛される学校かどうかが重要ですよね。例えば浦和明の星女子。第一志望率は低いそうですが、六年間通ううちにみんな明の星を大好きになる。卒業した後学校を訪問することを「帰星する」と言うそうですが、卒業生が違う学校だと感じないように、校舎を建て替えたときも噴水や講堂の位置を同じにしたという記事を読みました。卒業生が安心して帰れる良い学校みたいですね。

女子校人気にも影を落とす私学の入試定員厳格化

――かつて人気だった女子校が、ランクが下がってしまうのは、経営方針の迷走以外にも理由があるのでしょうか。

A　30年前と比べて首都圏の私立校は200校から300校へ、100校近く増えていて競争が激しくなっている。広報活動にあまり熱心じゃなかった女子校の認知度は下がってしまいます。厳しすぎる女子校も敬遠されがちです。

B　あとは大学入試定員の厳格化ですね。

A　首都圏の受験生にとっては大変なことですね。点数は取れても定員で絞られて、本当かわいそうですよ。

――大学受験の時に、首都圏の受験生の定員が絞られてしまっているということですか？　そんな決まりがいつの間にかできていたとは……。

B　これまで早慶に入れるくらいの成績だった子が、MARCHにも引っかからなくなった。大学の入りにくさは、団塊ジュニアのレベルに近いです。

――団塊ジュニアとしては、あの時の過酷さを思い出して身につまされます。人格形成にも影響を及ぼしそうなルールです……。

B　「私立大学の入学定員管理の厳格化」は、2016年から始まった政策です。保護者の間でも浸透してきて、このままだと大学に行けるか心配なので中学の時に大学決めちゃおうかしら、という流れになっている。だから早慶や立教、明治、日大や東洋大まで大学付属校が人気になっています。

A　格差を是正しようということらしいんですが、国のお金の配分の問題ですね。

――そうなったら地方に引っ越してそこから大学を受けた方が入りやすいのでしょう

か。

A　そうだと思います。有名な私立校でも出口（進学実績）の面では厳しくなっていますね。

C　そういう意味では、香蘭女学校は人気です。推薦で立教大学に入れる枠を増やしているので。

A　今の時代、立教に入ろうと思ったら大変ですよ。

志望校の新基準？　6年間で女を磨く学校

――Bさんの姪っ子さんが通っている頌栄女子学院はいかがですか？

B　あそこの学校は良くも悪くも変わらない。入試ものらりくらりしていて。でも、出口は悪くないんです。帰国子女の生徒が早慶上智を稼いでくれて。僕は進学実績では１００番くらいの生徒がどの大学に行っているか見るようにしています。頌栄は実数を公開してくれているのでだいたいわかるんですが、真ん中くらいの成績でも早慶上智ラインに進学しているので良いかな、と。あと、うちの妻も女子校出身なのですが、姪の志望校を選ぶ基準で、すごいことを言ってました。「ブスになる学校には行かせるな」って。

――10代だとまだ顔立ちが定まっていない部分もありそうですが、たしかに洗練されていてかわいい子が多いなと思う学校もありますね。似たようなタイプの色白系が多い女子校とか。

B　ルックスの問題じゃないんです。例えば雙葉の子たちは、周りから憧れの目で見られるし、そうやって視線を集めることに慣れているじゃないですか。あとは、先輩に恋する文化がある。あの先輩みたいになりたい、と素敵な先輩に憧れて女を磨くみたいな文化がある学校は、ブスにはならないんじゃないかと思います。

——たしかに好きな先輩がいるとスクールライフに張り合いが出ますね。他にはどんな学校が女として磨かれるのでしょう。

B　東京女学館、東洋英和、頌栄女子学院……モテ系の学校はその意識が高いですね。

——挙げた学校は制服がかわいいので、テンションが上がって青春を満喫できそうです。勉強に邁進《まいしん》する学校も魅力的ですが……。

桜蔭、JG（女子学院）、雙葉？　質問の仕方で向き不向きが分かる

C　まじめな進学校では予習の課題が多く出されていて寝る時間もないくらいだったり、おしゃれする暇はないんじゃないでしょうか。

B　うちの姪が小学校4年生のとき、御三家は無理だなって思ったんです。ある程度超越していないとならない。大学受験に対して学校が何かしてくれるわけじゃないので、自分で取り組めちゃう子じゃないと向いてない。そこのレベルじゃないなって思ったんです。

――お話を聞く限りでは私もそのレベルに達していませんでした……。

C　桜蔭の場合、スパッと答えを出して行かないと、あの分量の入試では点数が取れませんね。

A　できる子っていうのは質問に来ても要点だけ聞くんです。できない子は一から全部教えて欲しがる。

B　確かに。桜蔭に受かる子は無駄なこと言わない。いつも最短ルートで質問します。JGに受かる子は……質問にきて余計な話をして帰る（笑）。雙葉タイプの子は、とことん面倒見られたがる。

C　桜蔭は文化祭の「サイエンスストリート」が人気ですよね。文化祭では実験で豚の目玉の解剖をやってる。あれは禊《みそぎ》なんじゃないかって思いますね。普通、小学生女子に豚の目玉の解剖なんて見せないですよ。あれにハマる子は桜蔭に向いてるのかなって思いますね。

B　桜蔭は文系理系という区分ではなく、理系、医系、文系。理系と医系で3分の2です。あと、桜蔭の卒業生の話で聞いたことがあるのは「東大入るより結婚する方が難しいよね」っていう感想。卒業生の年代別就業率を見ると、40代、50代でも家庭におさまらずバリバリ働いていてたのもしいです。

A　「女の子だから」っていうのは禁句。男女関係ない。

――桜蔭はやはり超越しているというか、尊敬の的です。女子校に通うと、男女は関係ないという意識になるのかもしれません。

女子校のいじめは、いじめじゃなくてガチのケンカ

A　女子校の良さというと、自分たちで何でもするということでしょうか。共学は、男の子が荷物を持ってあげたりして、女の子は大事にされすぎちゃう。でも、社会に出るとそんなことばかりではないから。女子校で育った人はある意味自立していて自主性がある。そして助け合って協力することもできる。本校のモットーは自立する女性、そして協働する女性を育てるということです。女子校では社会性が育まれるのではないでしょうか。生徒を見ても、リーダー的な子、フォロワー的な子がいて、お互いバランスを取ってチームワークを実現しています。学校の広報活動を生徒たち自らが志願してやってくれているのですが、まじめだししっかり計画立てて実行に移すのが素晴らしいですね。

C　マスコミや広告代理店でバリバリ働いている人は女子校出身の人が多い。空気読まないで発言するのもかえっていいのかも。

B　JG出身の人が「中高の6年間は女性であることを意識しなかった」って言ってた

のが印象的でした。よく女子校はいじめがあるんじゃないかって言われますが、いじめじゃないんですよ。本気でお互いぶつかってケンカしている。

——たしかにいじめはほとんどなかったのですが、ケンカして誰が誰をビンタした、とかは聞いたことがありました……。

B　女子校出身か共学出身かをすぐ見分けるには、付き合っている友達を見れば良いんです。大人になっても中高時代の友達と仲が良い女性は女子校出身が圧倒的に多い。やはり異性の目があるとないとでは心がオープンになる度合いが違うようです。

C　女子校は中学の早い段階でぶつかり合って、精神的に大人になる。共学の、男子に見えない女子同士のいじめの方がえげつないそうです。女子校の人間関係はシンプルです。

B　幼稚園のママ友連中でも女子校出身者はトラブルを回避出来る。女同士の接し方がうまいんですね。どこでもいい顔をしてささっとやりすごして家に帰って毒づくという。

――同性に対しもともと敵対心がないため、円滑な人間関係を築けるのが女子校出身の特徴かもしれません。ただ、異性に対しては強くなりすぎる傾向が……。

B　女子校の男性教師は大変ですよね。

C　喋り方が女性っぽくなってきますよね。

B　ソフトな話し方になる。長年その現場にいることで感化されるんじゃないかな。ある女子校に元ジャニーズJr.の先生が赴任して、最初はモテて追いかけ回されていたのが、いじめられるようになって胃に穴があいて入院したと聞きました。男性教師は飄々《ひょうひょう》としてるキャラじゃないと難しい。変に媚《こ》びようとするから餌食になる。

――強気の進学校の女子はたよりない男性教師をいじめがちかもしれません。慶応女子で、早稲田出身の男性教師にむりやり早稲田の校歌を歌わせた話も聞きました……。無害なおじさんキャラに徹するしかなさそうです。女子校は生徒間のいじめはほとんどない印象ですが……。

C　以前雙葉の説明会で、先生がいじめについて聞かれ「シスターの世界にもいじめはあります。でも、いじめてしまう自分を肯定してはいけない」と話したことがありました。

B　小学校からのお嬢様学校では、時々問題な学年があって、数年に一度、激しいいじめが発生することがあります。受験するときは小6の雰囲気を調べた方がいいですね。

――新型コロナウイルスでまた女子校の様相も変わってしまいそうですが、影響はありましたか？

C　今回のコロナに関して、オンライン授業のアンケート取ったんですけど、意外と女子校はICT（情報通信技術）に力を入れている。男子校の方が鈍いです。

A　うちの学校も全教室に電子黒板がありますし、1人1台ノートPCを持ってもらっているので4月から当たり前のようにオンライン授業でした。

C　いつの間にか玉川聖学院や三輪田学園が1人1台iPadとか。新しいものを取り入れるのが女子校の良さです。

B　ただコロナはリーマンショック以上の経済的な打撃を与えることが予測されます。中学受験者数も減るでしょうね。感染を考えると、果たして満員電車に乗せて通わせるのは良いのかどうか、そこに抵抗を感じる保護者も多そうです。通学で新宿を通らせたくないとか。オフィス街の女子校もラッシュが避けられないので、人気度に影響すると思います。

A　ラッシュを避けるために10時始業にしたり、学校側も対策が必要です。

B　電車を使わなくていいように自転車通学OKにしても良いかもしれません。

別学のほうが6年間が圧倒的に楽しい

――先行きが不安になってきたので、最後は明るい話題で、女子校の良さだったり、希望についてお話を伺わせてください。

A　生徒を見ていると、新入生が教室の場所がわからなくて迷っていたりすると、先輩が教室に連れていってあげたり、女の子らしい社会性がありますね。また、非常にまじめに課題に取り組むのが女子の特性ですね。まじめに物事を追求し、それなりの結果を出す。お友達同士も良い影響を受け合って相乗効果があるのが女子校の良さです。

B　多感な時期なので中高の6年は男女一緒に過ごした方がよいという意見もありますが、女子だけ、男子だけの6年間の方が圧倒的に楽しいんですね。姪の志望校も共学は一切考えなかった。女子と男子は精神年齢が違いすぎるので、アホな男がいない方がいいじゃないですか。

御三家の女子校の卒業生が皆言っていたのが、女子校の6年間は「温室」という表現です。守られている中で、異性の目を気にせずに自由にやりたいことができた。それに共学のように容姿ばかり評価されることもない。一人の人間に立ち返って、男とか女とか関係なくぶつかり合える6年間は大切です。本物の友達もできる。僕は女子校大好きなんです。

C　私の娘と息子も女子校と男子校に行きましたよ。息子は「うるせー女がいない方がいい」。娘は「ガキな男子はいないほうがいい」って。

B　それから今後の生き残りを考えると、「卒業生を裏切るな」というのが大事です。卒業生から応援されることは、その後の存続に大きな影響を与えます。校風とか雰囲気を含めて、おばあちゃんになっても私の学校はここだ、と思えるような、娘や孫を入れたくなる女子校ですね。

A　トップの学校だと変わらないでいられるかもしれませんが、時代のニーズに合わせて変えなきゃいけない部分もありますね。

――貴重なお話ありがとうございました。女子校卒業生の一人として心強いです。偏差値や人気は時代によって移り変わるものなので、何より心から好きで運命を感じられる女子校に行くのが良いのかもしれません。女子校出身者は全員同窓生みたいな感覚で、これからも一体感を高めてまいりたいです。

第三章

女子校潜入記

人気漫画の舞台のモデルにも……学習院女子中・高等科のブランド力

一条ゆかりさんによる人気漫画『有閑倶楽部』の舞台である聖プレジデント学園は、財閥や有名人のご子息、伝統芸能の家の子女などセレブ揃いの名門校。現存する学校の話なのかと思っていたら、どうやらこの学園、モデルは学習院女子中・高等科だという噂が。創立135年、昭憲皇太后《しょうけんこうたいごう》の思し召しで華族女学校として開校した学習院女子中・高等科。日本随一の名門校に取材を申し込んだら、なんと引き受けてくださいました。ノーブレス・オブリージュ精神に感じ入りつつ、やんごとなき学び舎へ……。

明治10（1877）年に造られた重要文化財のゴージャスな正門にも圧倒されましたが、奥に進むと赤いレンガのクラシカルな建物が出てきてさらに名門ムードが高まります。新しい本館は、漫画に出てくる校舎にどこか似ています。校舎の周りの広場には運動会のために練習する生徒たちの姿が。「有閑倶楽部」のメンバーに負けず活発で文武両道オーラがまぶしいです。

「運動が好きな子が多いです。今、運動会の直前なので朝から練習しています」と、教頭先生。

「中等科のテニス部が全国大会に出場するなど、運動部全般健闘しています。文化部も全国コンクールで入賞したりしていますよ」と、科長（校長）先生もおっしゃいます。

お嬢様は先祖代々からのエネルギー値が高いのでしょうか。毎週の水泳の授業だけでなく、校外学習では沼津で３キロの遠泳とか、八ヶ岳登山など、ハードなプログラムをこなしています。

スポーツ関係ではテニスコートやバスケットコート、プールなどかなり設備が充実。ちなみに以前使用していたプールを寄付したのは当時のブリヂストン会長で、新しい体育館に銘が残っていました。剣菱万作がプールをぽんと寄付したという逸話を連想。体育館の建設の際の寄付者のリストにはオノ・ヨーコ氏の名前も。世界のオノ・ヨーコになっても愛校心は変わりません。ノーブレス・オブリージュのヴァイブスがうずまいています。

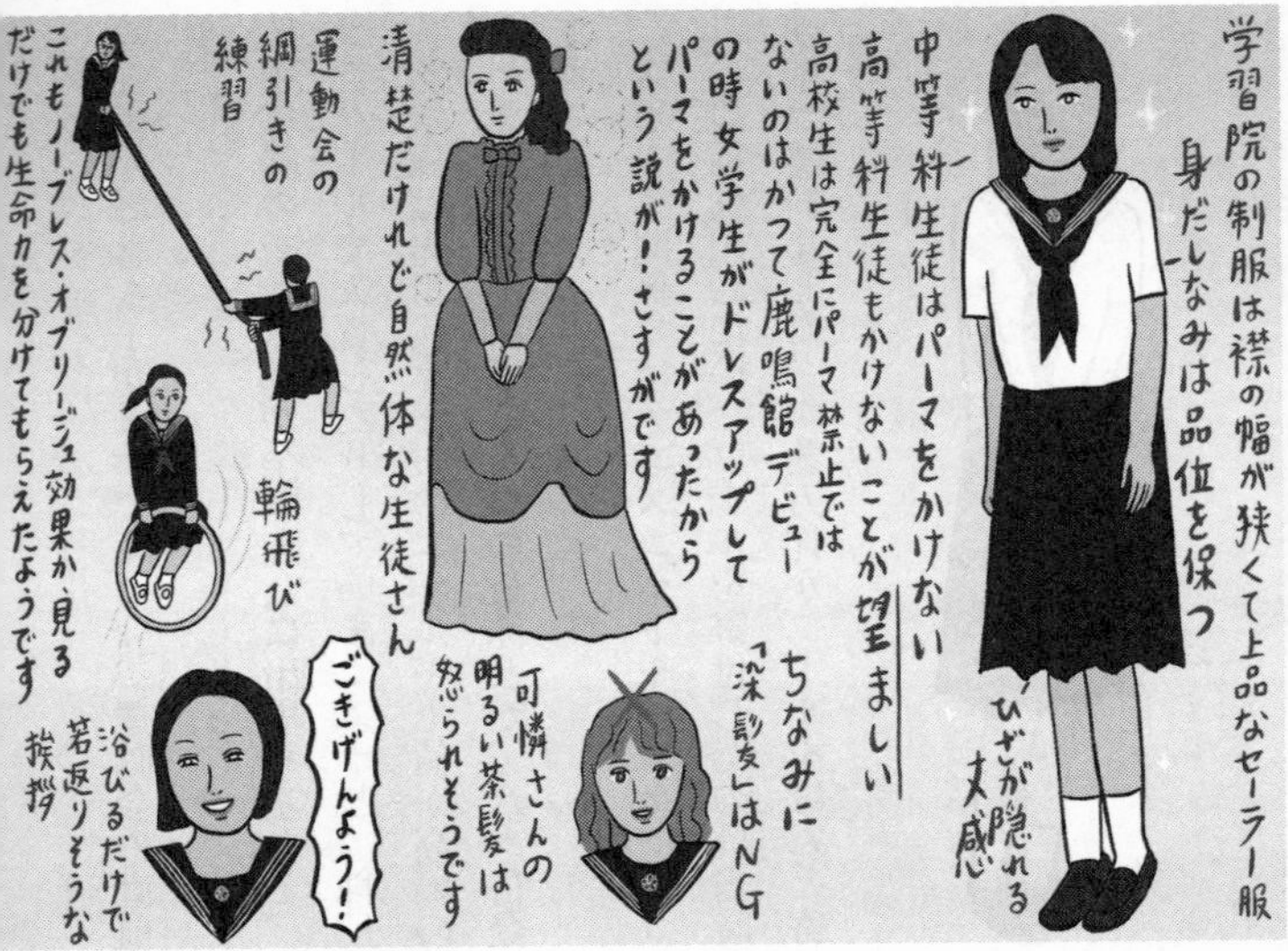
学習院の制服は襟の幅が狭くて上品なセーラー服
身だしなみは品位を保つ
ひざが隠れる丈感
中等科生徒はパーマをかけない
高等科生徒もかけないことが望ましい
高校生は完全にパーマ禁止ではないのはかつて鹿鳴館デビューの時女学生がドレスアップしてパーマをかけることがあったからという説が！さすがです
ちなみに「染髪」はNG
可憐さんの明るい茶髪は怒られそうです
清楚だけれど自然体な生徒さん
ごきげんよう！
浴びるだけで若返りそうな挨拶
運動会の綱引きの練習
輪飛び
これもノーブレス・オブリージュ効果か、見るだけでも生命力を分けてもらえたようです

体育以外にも、日本画のための美術室があったり、礼法の授業で一通りの作法が学べたり、能楽鑑賞会があったり、品格を高める教育が。皇族の方も通われていますが、普段から守衛さんの人数が多くて安心です。

「普段は元気いっぱいでも、場面場面できちんとしたふるまいができます。先日は、自動販売機の飲み物を取るとき、わざわざしゃがんでいる子を見かけました」と、科長先生。些細な行動にも気品がにじみ出ます。校内を歩いているとすれ違う生徒さんが「ごきげんよう」と挨拶してくださり、生〝ごきげんよう〟に高揚。『有閑倶楽部』

でも描かれているお嬢様定番のセリフです。

「授業の始めと終わりもごきげんようです」と教頭先生。

「ごきげんよう弁当」と名付けられたお弁当も売られています（予約制）。価格は庶民的な450円。漫画のように吉兆のお弁当を頼むような生徒はいないそうですが、ホールでちらっと見かけた生徒さんは、曲げわっぱの高級感漂うお弁当箱を広げていました。

やはり良家のお嬢様が多いのでしょうか。

「調べれば大名家に連なる家の娘さんなどいるかもしれませんが、入試のときはわからない形で選考していますし、華族女学校だった時代と違って皆さん普通ですよ。昔は名簿に親の職業が書かれていましたが、今は個人情報の問題でそれもないですし……」と、科長先生。

『有閑倶楽部』の華やかでオープンな時代から、プライバシーを保護する時代に変化しているようです。とはいえ、夏に別荘地から暑中見舞いが届いたとか、庭で車の運転の練習をしていたとか、お嬢様エピソードも漏れ聞こえるそう。何よりお嬢様の品格と生命力は隠せません。彼女たちは、まず間近な運動会を成功させ、人生の試練も次々とこなしていくことでしょう。これからの日本をよろしくお願いいたします。

東洋英和のクリスマス音楽会体験記

ミッションスクールで最も盛り上がるイベントに潜入

坂を上るとそこは清らかな歌声響く女子の学び舎でした。東洋英和女学院中学部・高等部の、一般にも公開されているクリスマス音楽会に伺わせていただきました。クリスマスの催しはミッションスクールの醍醐味。キリスト教の女子校出身の女友達と話していると讃美歌やクリスマスの合唱が良かった、という思い出で盛り上がったりします。カタルシスで心身が浄化されるのが讃美歌のご利益。クリスマスの時期は「ハレルヤ」が流れてくるとつい口ずさんでしまったり。なので今回、名門女子校でクリスマスの音楽に浸れるのをとても楽しみにしておりました。

校舎に入るとまず、制服がかわいすぎて都会の洗練オーラにハッとしました。そして「ごきげんよう」と挨拶するお嬢様の品格にも心打たれました。クリスマス音楽会の会場は、新マーガレット・クレイグ記念講堂。上のフロアには巨大かつ彫刻のように美しいパイプオルガンが。ドイツから部品を運び、本国の技術者が組み立てたそうで、下世話な想像ながら億単位のお金がかかっていると思われます。でも、パイプオルガンはミッションスクールにとって必要不可欠です。最近、オルガン療法の取材をして知ったのですが、パイプオルガンの音波は体に良いらしく、高くてもそれだけの価値があると思われます。広報の先生によると、東洋英和でパイプオルガンに触れ、芸大のオルガン科に進学する生徒も出てきているとか。他にも様々な分野で才能を発揮する生徒さんがいるそうで……。クリスマス音楽会で鋭気を吸収したいです。

司会の頭が良さそうな二人の女子の「クリスマスの時期はワクワクしますね」「はい、私もそう思います」といった上品なやりとりで流れるように進行。プログラムはパイプオルガン独奏、ハンドベル合奏で始まりました。パイプオルガンの荘厳な音色。音の波動でオーラが調整されるようです。そしてハンドベルの、天使を召喚しそうな波動の高いメロディーに、心洗われます。芸能人の隠し芸大会などで見た記憶のあるハンドベルよりも難度が高そうな演奏技術。一人で複数のハンドベルを担当し、結構忙しそうです。音の乱れは一切なく、心を一つに演奏していました。

知性を感じさせるハンドベル演奏の後は、合唱部によるクリスマスにちなんだ曲の合唱がありました。美しく澄んだ歌声が松果体を震わせ、アセンション（昇天）しそうです。合唱

合唱部が「ジングルベル」「マジックキングダム」などを清らかな歌声で披露

部の人数が48人くらいと聞いて、鳥居坂48という本物のお嬢様ユニットに見えてきました。制服に黒いタイツを合わせ、露出度が低いのが育ちの良さを漂わせています。CDを出したらヒットしそうです。「マジックキングダム」という曲の合唱では、目の前にマジックキングダムの扉が開かれた感が。

そして優等生っぽい司会者の女子によるMCでは「クリスマスは救い主、主イエス・キリストがお生まれになったことを祝い喜ぶことです」と、真のクリスマスの基本知識が説明されました。六本木の外界のパリピが騒いでいるクリスマスはたぶん偽りのクリスマスなのでしょう。リースは神様の終わらない愛を、ツリーのてっぺんの星は、東方の博士をイエスのもとに導いた星を表している、というのは初めて知りました。

続いてバイオリン、フルート、ファゴットの奏者が入り、生徒さんの合唱とコラボ。大人の女性と少女のハーモニーも深みを増して趣があります。

「東洋英和では日ごろ学校生活で音楽に触れる機会が多いです」

「普段の礼拝の他、音楽礼拝も行われます」

続いての司会コーナーでそんな素敵な礼拝があることを知りました。ハンドベルや合唱で神様への思いを表現するそうです。朝から楽しい気分になり、さらに思春期ならではの悶々とした思いを発散できます。私の母校でも、音楽礼拝はなかったのですが普段の礼拝で毎朝讃美歌を歌い、心が浄化され、反抗期のストレスが少し発散されていた感が。もし毎朝の礼拝がなかったら、もっと横暴な人格が形成されていたかもしれません。讃美歌の情操教育効果はあなどれないです。

さて、プログラムは後半に入り、器楽科のオーケストラの演奏が披露されました。最初の音合わせが終わった時、隣の小学生女子が「えっもう終わり?」と言っていたのに和みました。小学生にとっては初めてクラシックに触れる貴重な機会かもしれません。

東洋英和のネクタイやネクタイピン、バッジをつけて笑顔を浮かべるお父さん。素敵な親子関係です

後半にはなんと生徒さんのお父さんが登場し、感動のハーモニーが

オーケストラも聴き応えありましたが、この音楽会の目玉は混声合唱です。えっ混声？ということは男性と？　近所の麻布の学生とのリア充ハーモニーが？　と一瞬眉をひそめそうになりますが、ご安心ください。生徒のお父さん（有志）が参加する混声です。大人になった今、それを聞くと、なかなか良い企画だと思えますが、もし自分が中高生だったらと想像すると微妙です。10代といえば反抗期。父親が生理的に受け付けられなくなる時期です。自分の反抗期を思うと、親が部屋に入ってきた後、塩とかまいてた記憶が……（恥）。きっと東洋英和の育ちの良いお嬢さん方はそこまで反抗期が激しくないのでしょう。お父さんが一緒に歌っていても受け入れられる、心の広い女子たちなのです。家族の関係が良好で素晴らしいです。

一方お父さんたちはノリノリでした。お父さんの控室にお邪魔したら、東洋英和グッズの

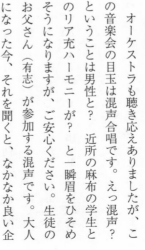

ガーネット色のネクタイやネクタイピンをお揃いで身に付けていたり、とにかく東洋英和に通う娘さんが誇らしいという気持ちが伝わってきました。嬉しそうなお父さん方を見ると、名門女子校に入学できた時点で親孝行の60％は完了している気がしてきます。娘さんが卒業しても参加し続けているお父さんもいるとか。部活のように和気あいあいとしていて、お父さん同士の交流も生まれそうです。

そんなお父さんと娘の混声合唱は、想像以上に素晴らしい調和を見せていました。娘の清らかで純粋な声を、後ろから支える（経済的にも）父の安定感漂う堅実な歌声。声に経済力ってある程度現れるのかも、と思わせる豊穣なヴァイブスが伝わります。金運も上がりそうな、いいもの聞かせていただきました。そして自分が反抗期のころ、親に取ったひどい態度を反省しながら帰途につきました。東洋英和のクリスマス音楽会は、人格にも良い影響を及ぼします。

豊島岡の冷静と情熱の間の合格発表

意外と静かな合格発表

合格発表のイメージというと、悲喜こもごもが入り混じり、受かって喜ぶ人、うなだれる人、そして突発的に始まる胴上げ、といった感情がうずまいているシーンを連想します。でも、昨今の合格発表は意外と静かです。

都内の超人気進学校、豊島岡女子学園中学校の合格発表を見学させていただいたのですが、朝9時、集まってきた父兄や女子にそこまで緊張の色はなく、淡々としていました。合格発表といえば、会場に行く一歩一歩が吐き気との戦い、くらい緊張していた記憶ですが、今やネット社会で発表形式にも変化が。ほとんどの学校で、前日に既にウェブで合格発表しているようです。豊島岡もその例にもれず、すでに結果を知っていて今回発表を見に来るのは確認のため、とのこと。不合格の人は基本的に見に来ないそうで、番号が掲示された2号館と3号館をつなぐスペースには静かな喜びがうずまいていました。むしろ不合格だった人は、本日2回目の入試を粛々と校舎内で受けたり、明日の3回目を申し込んだりしているのでし

静かな中、シャッター音が響く発表会場

ょう。合格した女子たちの喜びの気配に鼓舞されながら……。

合格者と繰り上げ合格候補者の数字がプリントされた模造紙が貼られたスペースは、撮影大会のようになっていました。番号をスマホで連写するお父さんもいます。でもほとんどは、自分の番号を指さして撮影するパターンでした。今日来られなかった娘さんの代わりに、お母さんが番号を指さしてる場面も。繰り上げ合格候補者のリストをひっそり撮影するお母さんもいました。繰り上がることをお祈りいたします。

意識高い系の風習？　で生徒同士が高め合う

「撮影しやすいように発表の紙の位置を低めにしています」と、教頭の村山先生。さすが、ニーズに対応する姿勢が豊島岡の躍進の理由でしょうか。人気の秘訣を伺うと、「キャリア教育に力を入れています。企業にインターンで行ったり、ものづくりを体験したり。大学の先に何があるのか生徒に体験してもらう取り組みをしています」とおっしゃいました。あとでパンフを拝見したら、「コンサル1日体験」「スパゲティで橋を作る『スパゲティブリッジコンテスト』」「哲学カフェ」「外務省訪問」「ビブリオバトル」とか楽しそうなイベントが並んでいて、将来の夢が広がりそうです。一日体験で運針が大人気だったそうですが、毎朝の運針で集中力も鍛えられます。

「小テストが月3回あるのも特徴です。基礎を積み上げるのが大切です。生徒同士勉強を教え合う文化がありますね」

えっそんな意識高い系の風習が……？　生徒同士高め合う女の友情。私の母校では休み時間、UNOや大貧民で盛り上がってる女子がいましたが、遊んでる場合ではなかったかもしれません。

「休み時間、教員のところに、生徒が質問に来るので、すぐ説明できるよう職員室の前にはホワイトボードがあります」

向学心がうずまいていますね。昨今の合格実績も納得です。

「学校行事やクラブ活動も盛んで、生徒が作り上げる運動会や文化祭で自主性が育ちます」

女子校の良い点でもあり、女性が強くなりすぎる一因でもあります。

今回、ちょっとだけ校舎も拝見させていただきました。入学の手続きが行われているのは食堂だったのですが、まずベーグルが売られているというおしゃれさに圧倒。メニューを見たら「厚切りベーコンのまろやか豆乳塩ラーメン」「鶏白湯のコーンラーメン」「とろ～り温玉ほうれん草カルボナーラ」「焼きカレーチーズドリア」といった魅力的な料理が３００円台で！　しかもフィットネススタジオとかもあるそうで、設備が充実しています。職員として働きたいくらいです。

合格発表のリアクションは落ち着いていて既に理性的

さて、そんな学校に受かった方々はどんなに喜んでいるかというと、やはり前日にウェブで見ているからか、テンションはわりと落ち着いています。友達も受かって「やったー！」と抱き合って喜んでる子もいますが、ほとんどは記念撮影し、確かな足取りで受付会場へ。おでこ出してメガネで色白な女子が多い印象です。

何人かの合格者にお話を伺わせていただきました。まじめな名門校だけあって、「急いでいて申し訳ございません」「取材は苦手なんで……」、と結構断られて、ガードの堅さがさすがです。

何人かありがたく話を聞かせてくださった親子のお話。

「ネットで見た確認と、書類を受け取りにきました。あとここで写真を撮りたくて」

と話すお母さんの横で、

「豊島岡は第1志望です。友達も受かっていたので楽しみです」と、快活そうな娘さん。

また別の母娘にも伺いました。

「合格の秘訣？ 何もないです。受かると思ってなくてびっくりしました。確率もだいたい50％、良くて70％くらいで。今回理科でたまたまやっていたところが出たんで相性が良かったんだと思います」

と、謙虚な娘さん。

「ホームページで確認したときはドキドキして、受かっていたのがわかって号泣しました」

お母さんの正直なコメントに感じ入りました。

たまたまやっていたところが出題されたというラッキーな女子のバッグで、氷川神社のお守りが揺れていました。

頭が良さそうなメガネの女子に、勉強時間を聞いたら、「休みの日は12時間くらいです」というお答え。でも入学したら気持ちを切り替えて、ダンス部の活動に励みたいそうです。

「部活が盛んなのも良いと思いました」と語るお父さんのバッグには「合格おめでとう　次は東大!!」というキャッチフレーズが大きく書かれた塾のパンフが入っていました。ところで小さい戦士のような緊張感漂う受験生とはちょっと雰囲気が違う、ガーリーな白いシフォンスカートの女子とお父さんの姿が気になります。嬉しそうに合格者リストと写真撮影していました。

「合格おめでとうございます」と話しかけると、

「合格？　いえ、ちがいます。娘は5年生なんです。来年がんばろうと思ってイメージトレーニングに来ました。学校見学したら生徒さんの素直さが伝わってきました」

「まだ成績はそんなに良くないですが、ここに入りたくて」と、瞳を輝かせる女子。

今から受かった時の感覚をイメージトレーニングしているとは。そういえば、秋篠宮家の佳子さまが、一般参賀デビューの前の年に、一般人に混じって見学してイメトレをされた、というのを思い出しました。意識の高い女子は皆さんやっているのです。

合格するためにはやみくもに勉強するだけではなく、受かった自分の姿を明確にイメージすることが重要です。中学受験に引き寄せの法則を取り入れるとは畏れ入りました。お守りだったり、引き寄せだったり、目に見えないパワーも活用することで夢に近付けるのかもしれません。

女子校にまみれるプレミアムイベント

意識の高さに戦慄する「女子校あるある座談会」

私立女子中学校フェスタ。女子校好きにとっては外せないイベントが、十文字中学・高等学校の校舎で開催されました。巣鴨駅からほど近い立地で住宅街に佇む歴史ある女子校です。この日、人気の女子校が校内各所で体験授業や発表、相談会などを催しています。新館の広いスペースには各女子校のブースが並び、在校生に女子小学生と保護者が直接質問できるとあって、ホール内はかなりの熱気がこもっていました。

さらに集客が多く、盛り上がっていたのが「生徒による女子校あるある座談会」です。いろいろな女子校の組み合わせで4回も開催。私が見学したのは、実践女子学園、豊島岡女子

表示の模造紙にもストイックさが漂う「あるある座談会」

学園、三輪田学園、山脇学園、和洋九段女子、というラインナップ。東京家政大学附属の女子高生（将来女子アナになりそうな声質）が司会を務め、それぞれの学校の特色についてトークが交わされました。受験生向けのイベントなので、基本はまじめモードです。

「一日の始まりは何をしますか？」

という質問では、

「礼から始まります。1、2、3で下がって、4、5、6でゆっくり上がります。腰から折れるのがポイントです」と、お辞儀の基本まで教えてくれた実践の生徒さん。勉強になりました。

「登校すると、まず朝学習をしています。小テストを授業前にすることでリフレッシュできて、私は気に入ってます」と、三輪田の生徒さんはコメント。小テストが気に入っている……まるで趣味かのように表現していて意識の高さに戦慄。

次は「自慢の学校行事を教えてください」という質問で、豊島岡の生徒さんは、「今日自慢して帰りたいイベントは、2月の中学校のみの合唱コンクール。それから半年に一度のアカデミックデーでは自分の好きな課題を研究し発表します」と答えて、覇気が半端ないです。将来国連とかで働いてそうなポテンシャルを感じました。

「制服の自慢」というテーマでも、「鳩の形のネクタイをアピールしたいです」と立ち上がり、鳩をかたどったネクタイを披露。山脇の女子は、日本ではじめて制定された洋装の制服だと、由緒を語っていました。ちなみに最後、実践の生徒さんが、実践の和装制服は日本で一番古いことを付け加えていました。一見おしとやかな女子同士の制服バトルが……。そのくらい、制服に愛着があるのは素晴らしいです。

ランチメニューの紹介という質問では、「カフェテリアがあって中3から使えます。人気メニューはオムライスとオムハヤシです。放課後に手作りプリンを食べるのが好きです」という実践のランチ事情や、「月に1回ビュッフェ形式のランチがあります」という山脇、「カフェテリアで人気のメニューはトマトラーメンです」という和洋九段など、想像以上の充実ぶりに羨望の念が禁じえません。今回会場の十文字にももちろんカフェテリアがあって、クリームコロッケ（カニ&帆立）、かき揚げうどん、などといった魅力的なメニューが３００円台で食べられるようでした。購買部のカニパンをありがたがって食べていた中高生の自分が不憫です……。

女子校の授業を体験し、鋭気と若さを吸収

最近の女子校は理系教育にも力を入れていて、サイエンス体験ができる教室もありました。生物室では実践女子学園が「ブタの目を解剖しよう!」、化学室では日大豊山女子が「トリの脳を徹底解剖!」、吉祥女子が「イカとハマグリの共通点? 解剖してわかること」と、なぜか解剖が盛り上がっています。解剖したいお年頃なのでしょうか。

十文字の理系の教室周辺は、廊下にソファがあったり居心地良さそうで、この雰囲気だけでも理系への苦手意識が薄らぎそうです。他校と共同で高度な研究論文も発表していて、「バフンウニを用いて受精の仕組みを探る」という研究が印象的でした。同じ年頃の男子高校生が悶々としている時、十文字の女子高生は冷静にウニの受精を検証しているのです。

化学室で行われた日大豊山女子の、トリの頭解剖講座を見学。知的美人の教諭が、ニワトリの生態について説明したあと、参加者全員にニワトリの頭の水煮が配られます。サイエンス部の生徒のサポートのもと、キモがる人も怖がる人も出ず、淡々とピンセットで解剖していきます。皮を外し、頭蓋骨を取り外し、視神経と脳を取り出し、大脳、中脳、小脳を実際に観察。解剖する我が子の写メを撮る母親もいました。ニワトリ頭部のアップを撮影する人も。この場の知的好奇心ヴァイブスに包まれての行為だと思われますが、あとで我に返ってアルバムに原形をとどめていないニワトリ頭部の写真を発見することになるのでしょうか……(合掌)。

刺激的な解剖体験教室のあとは、音楽で癒やされたくて講堂へ。十文字のマンドリン部の演奏を拝聴しました。不肖私も中高の部活がマンドリンだったので、感慨深いものがありました。十文字のマンドリン演奏はギターとマンドラだけでなく管楽器と弦楽器も加わって高級感あるハーモニーでした。

女子力が高まる体験教室もあります。東京家政大学附属女子中の「『桜咲く!』を呼ぶ!ハーバリウムをつくろう」という講習では、花をオイルに漬け込んで美しいまま保つ瓶詰を制作。ハーバリウムといえば愛子さまが宮内庁の文化祭美術展で出展されたやんごとなきアイテムです。ソメイヨシノについての講義も充実していました。「ひさかたの 光のどけき春の日に……」という和歌のとおり、窓からは午後のやわらかい日差しが差し込み、居眠りばかりしていた自分の中高時代を思い出しました。桜の花を漬けることで、来春の合格にも縁起が良いという、心遣いにあふれた体験教室でした。

隣の教室では個人的にもぜひ体得したい「リレー作文で感性を磨こう！」という女子聖学院の授業が行われていました。参加者の女子小学生が、ひとりずつ一文を書いて回してゆき、短い文章を制作。「果物をたくさん食べたら母に怒られたのが嫌だったけれど、最終的に母と父が離婚して父に引き取られ、母とは別れた」なんて衝撃的な展開もありました。でも一番多かったのは夢オチです。

「目が覚めたら夢だった」「そう思ったら夢だった」など……。先生の「結末に困ったら、登場人物を殺しちゃうか、夢オチにするといいです」というアドバイスがあったからでしょうか。全ては夢オチ……今までの自分の半生が夢だったら、という仮定で、改めてどの女子校に行きたいか選びたくなりました。それにしても、女子中高生にまみれてアンチエイジングしつつ、女子校の良さを満喫できる夢のようなイベントでした。

マリア様に囲まれた聖域、横浜雙葉

校内にみなぎる波動の高さ

横浜の高台にたたずむ白い建物は西洋のお城のような塔が立っていて、世俗とは隔絶された荘厳な雰囲気が漂っています。このたび横浜雙葉中学高等学校の「土曜日学校案内」に伺わせていただきました。

年に5回ほど行われる少人数の回。学校案内ビデオや校内見学などで、学校の空気を体感することができます。

正門から入ると、道に桜の木が並んでいましたが、そのいわれを伺って感動しました。十月桜、ソメイヨシノ、カンヒザクラなど全種類違う桜で、咲く時期もそれぞれずれています。これは、生徒さんに向けて、みんな開花の時期は違っていい、というメッセージがあるそうです。そんな肯定的なメッセージを多感な時期に受け取りたかったです……。

まず正門前にマリア様と幼きイエス様の像があり、エントランスにもマリア像、廊下の踊り場にもマリア像、お御堂にもマリア像、校庭にもマリア像、といたるところにマリア様

ルルドの泉を模した洞窟風のスポット。悩んだとき、校内のいたるところにいらっしゃるマリア様がサポートしてくださいます

が！　校内の波動の高さというか清らかな空気はマリア様のエネルギーかもしれません。こう申してはなんですが空気清浄機以上の霊験が……。生徒さんの精神衛生上にも良さそうです。個人的には、校庭のルルドの泉を模したコーナーがパワースポットのように感じました。

神様が見守ってくださっている横浜雙葉はカトリックの学校で、創立者であるマザー・マチルドも生徒の崇敬を集めています。校訓は、世界の姉妹校共通の「徳においては純真に　義務においては堅実に」。世間ずれしてしまった私は、キリスト教精神に基づいた校訓の意味を理解するのにしばらくかかってしまいました。広報の先生に伺うと、「カトリックの価値観は他者を思いやるということ。自分が与えられた才能を他者のために使うという価値観を身に付けてほしいです。思いやりのある子どもたちが多いです」とのこと。素晴らしいです。本校出身のOG、森下典子さんや渡辺真理さんと仕事などで面識がありましたが、お二方とも親切で思いやりにあふれた方でした。

あとで宗教室での説明のとき副校長もおっしゃっていました。

「人を幸せにすることで自分も幸せになる、そういう人を育てたいです」と……。単に自立した女性を育てる、というのでもなく、もちろんお金や名誉を目的にする生き方でもない、他者のために生きるという崇高な使命感。進学実績が良いのは、勉強だけで来た人よりも、目的意識や人徳が高いレベルにあるからでしょうか。

特色の一つである総合学習は、「新しい関係性の創造」がテーマなのですが、中1で「コミュニケーションスキル」などを学び、中2「自然とのかかわり」中3「人とのかかわり」高1「世界とのかかわり・いのち」高2「NGO活動」と、意識の高まりがとどまるところを知りません。

聖域ぶりの数々に畏れ入る

ウェルカムコンサートでの音楽部の合唱にも癒やされました。生徒さんが「本日はお忙しい中本校に足をお運び下さりありがとうございました」と礼儀正しく挨拶。校歌に始まり、ウエストサイドストーリーの曲に続き、最後は歌謡曲「夢の途中」。「さよなら」という歌詞が出てきて、ウェルカムから別れまで展開が早いです。校歌の歌詞に「イザヤ～」と頻出していたので、聖書の「イザヤ書」に出てくるイザヤ推しなのかと思ったら、日本語の「いざや」でした。前向きな曲に鼓舞されます。

貴重な校内風景の映像も拝見。ホームルームでお祈りするシーン、ネイティブの先生に英語を習うシーン、理科で有機物から炭を生成するシーン、お弁当前に「アーメン」と神に感謝を捧《ささ》げるシーンなど。驚いたのは、廊下を移動する生徒さんの会話が聞こえてきたのですが「神様が～」と神のことを話題にしているように聞き取れました。女子校の雑談といったら先生への意見とか、アイドルの話題とか、噂話が多い印象ですが、この学校では神を話題に……畏れ入りました。

中高の生徒のコメントも収録されていて3人の生徒さんは澄んだ瞳で「感謝の気持ちが持てるようになりました」「自分の視野を広げることができました」「家の次に安心できる場所です」などと語っていました。

校舎は古い校舎と新しい校舎が融合され、木を多用した内装が落ち着きます。校内見学で、自習スペースや教室など拝見。校舎からの眺めも良いです。中学の教室に入ると、教室内には校訓やお祈りの言葉の張り紙が。こちらも聖域の結界を作る効力がありそうです。ミッション系の女子校ほど世の中で祝福されている場所はないと思えてきます。

部外者ながら居場所があるような気に

生徒たちが自主的に考えたお弁当についてのルールの紙も張られていました。

「班に入れないなど、いじわるをしない」「周りに一人の人がいないことを確認してから食べる」

お弁当の仲良しグループといえば学校生活の懸案事項の一つです。誰も〝ぼっち〟にならないようなルールがあるとは安心です。クラス替えで誰も仲が良い子と一緒になれず、ひとりで食べた時の寂しさ、周りの視線など、ほとんどの人が体験したことがあるはず。ぼっち姿を見られないように、図書室や校庭の片隅でやりすごしたり……。大人になればひとりで食事なんて全然余裕ですが、10代にはキツいものがあります。そんな事態をまぬがれるというのことだけでも心が軽くなります。とくに仲良くない人と一緒に食べたら気まずいというのもあるかもしれませんが、完全なぼっちに比べれば……。その流れで、教室移動も誰もひとりにしない、というルールを作ってほしいです。「生徒はお互い尊敬しあっていて誰もが居場所があるんですよ」と広報の先生はおっしゃっていました。実際、中高生でも関係者でもない部外者ですが、数時間滞在しただけでも、居場所があるように錯覚してきました。そして世のため人のために役に立ちたいと、しばらく感化されました。

名古屋のお嬢様学校の式典に潜入

熱意にほだされてお引き受けしたものの

先日、身に余るご依頼がありました。南山学園のカトリックの女子校、聖霊中学・高等学校から、創立記念日に講演をしてほしい、という依頼です。話下手ですし、そのような厳粛な式を汚してしまいそうなので最初はお断りさせていただいたのですが、熱意を持ってくださっている教頭先生のお言葉に、つつしんでお引き受けすることに。それにしても私の講演内容によっては呼んでくださった先生の立場が危うくならないか心配です。

ただ、思い返せば、母校JGでも時々校外の方を招いて講演がありました。ただその内容を今となってはほとんど覚えておりません。ですので、私の拙い話も、脳細胞の新陳代謝とともにいつかは忘却の彼方に消えていくので、そんなに懸念しなくても大丈夫かもしれないと思えてきました。

前もって送っていただいた聖霊中学校・高等学校のパンフを拝見。なんといっても校名に「霊」という字が入っているのがスピリチュアル系としては心惹《ひ》かれます。

1949年に創立された歴史ある女子校。モットーは聖書のみ言葉「光の子として生活せよ」。宗教教育・外国語教育・情操教育の三本柱を大切にしています。一日は「朝の祈り」で始まり「終業の祈り」で終わります。キリスト教の行事を通して、ボランティア活動などでホスピタリティーを実践。パンフを読んでいるだけでも波動の高まりを感じます。

ところで創立記念式典は、朝9時半スタートだそうです。名古屋から30キロ位の場所に位置する学校なので、物理的に間に合うかという不安がありました。都内で9時集合でも結構危ういので……。学校の方にご助言いただき、始発の6時の新幹線で名古屋7時半に到着し、そこからタクシーで向かえば間に合うとのこと。教えていただいたルートで向かい、タクシーの運転手さんが道に迷ってしまいましたが、なんとかギリギリで到着。ちなみに生徒さんは、各地から11系統で26台も運行している学園バスで登校しているそうです。あとで教頭先生に伺ったら、生徒さんの親御さんが、ガソリンスタンドを経営されていて、その方の尽力によってスクールバスができたとのこと。半端ないインフラ力です。

聖霊を感じるサンクチュアリでの厳かな儀式

第69回創立記念式典は、9時半から始まります。講堂に向かうとき、あまりにも敷地が広大で驚きました。

「野生動物もいそうですね」と教頭先生に伺うと、

「イノシシやリスなどが目撃されています」とのこと。グラウンドも広く、都心の学校とは比べ物にならない大自然に囲まれています。門から校舎までも1キロくらいあります。もちろんマリア像も設置されていて、サンクチュアリ感が。

緊張しつつ会場の第一体育館へ。荘厳なオーケストラの演奏が流れています。まず演奏で始まるなんて豪華です。たいていの学校はオルガンとかパイプオルガンの演奏のところ、会場の後ろの方でオーケストラ部が生演奏。聖歌隊と共に、評判が高い部だそうです。

「奏楽」に続いて教頭先生が「開会の辞」を宣言されました。そしてプログラムは「校歌」

に移りました。

「少女《おとめ》ぐさ操も高く　生い立たん　聖《きよ》きみ霊の　加護《まも》るまにまに」

という歌詞で始まる校歌は結構萌え系なフレーズが多いような。「操」とか「少女」が出てくるイノセントな歌詞を、清らかな女子たちのキー高めのピュアな声で歌われると、脳内が洗われるようです。ちなみに制服もかわいくて、ベレー帽に紺のジャンパースカート、ボレロという組み合わせがお嬢様オーラを放っています。

続いて「聖書朗読」。「マルコによる福音書第4章30～32節」の、「神の国」を「からし種」に例えた箇所です。学校長先生がその聖書の言葉について解説されました。

「からし種は最初とても小さくて目立たないですが、大きな木に成長します。神の国も最初は小さくても、時間が経てばおおぜいの人が神の国に入って、守られるようになります」

「生徒たちは先生、先輩たちに温かく見守られながら育っていきます」など、素晴らしいお話を伺い、もうこれで創立記念日は完成しているからいいじゃないですか……むしろこれで美しく終わりにしたほうが……という気持ちになってまいりました。

本当に私で良いんでしょうか？

はじめて拝見した「花の奉献」という儀式は、宗教委員の生徒さんたちが厳かに花束を持って前に歩んでいき、壇上に花束を捧げる美しい行為。学校によって独自に発展した儀式があるんですね。大量の花束が70束くらい、壇上の端から端まで並べられました。この花束は地域の病院や保育園、老人ホームなどに届けられるそうです。この儀式のＢＧＭはパッヘルベルのカノンで、さらに波動が高まり、目頭が熱くなりましたが、その後の自分の講演を思うと涙もスーッと引いてゆきます。

続いて「創立記念の祈り」は、学校長先生、中学生、高校生などで、朗読のパートが交代される、昔懐かしい卒業式の言葉のような形式。その祈りの中には「私たちがいつも苦しんでいる人々に目を向け、援助を惜しまない人間に成長できますように」「きょうの奉仕活動を祝福し、導いてください」といった、志の高い文章もありました。

聖歌「ごらんよ空の鳥」という、スピリチュアルな曲が奏でられ、清らかな歌声が響きました。自分の番が近付き、そろそろ観念してきました。

休憩時間が10分ほどあって、その時は静まり返っていた生徒さんたちがにぎやかに談笑。静かな時と元気な時が、ちゃんと切り替えられるようです。生徒さんに「『ムー』読んでます」と話しかけていただき、少し緊張が和らぎました。

そしていよいよ講演です。本当に私で良いんでしょうか？　覚悟を決めるしかありません……。

「今日はここに来るとき道に迷いましたが、聖霊の導きでたどりつきました」

しーん……。

いきなり外した感がありましたが（神聖な聖霊をネタにしてはいけなかったと反省）、最初に自己紹介代わりに最近のイラストなど紹介したら少しずつ空気が温まっていきました。

そしてお話しさせていただいたのは、女子校で自分のやりたいことが見つかった話。異性の目を気にせず好きなことができてよかったという話。これまで取材した素敵な女子校エピソード。反対に、女子校の副作用（がさつになったり、異性に対して自意識過剰になったり）、でも同窓会に行くと、女子校の友達は運命共同体やソウルメイトのように感じられて、誰かの幸せを自分のことのように喜べるという話。そしてミッションスクールでの6年間は神に祝福されていて、人生の力の源になるという話。祈りのパワーについて。など、できる限り長く話したつもりが40分でしたが、拙い話ながら、放送事故的な沈黙にもならず、無事に終わりました。

ただその後、壇上に花束を渡しに来てくださった生徒さんが感想を伝えてくれたのですが、彼女のほうがよほど堂々としていたことを書き添えておきます。

おそらく最初で最後の、女子校での講演。40分話すのもやっとなので、学校の先生はすごい、と改めて尊敬の念が芽生えました。体力的に、長く話し続けるには、生徒さんたちから若いエネルギーを吸収しながらでないとできません。生徒さんに役に立つ話をするどころか、生命力をわけてもらったようです。中高の先生がアンチエイジングな理由がわかりました。

憧れの女子校、桜蔭の非公開の歓迎会に潜入

知性ヴァイブス漂う講堂へ

水道橋のあたりを歩いていて桜蔭中学校・高等学校の生徒たちの集団とすれ違うと、彼女たちが何を話しているか、どんなマスコットをバッグに付けているか、一挙手一投足に注目せずにはいられません。早口で話していると、やはり頭の回転が……と思ってしまいます。誰もが気になる桜蔭は、最難関の女子校。東京中の神童が集まるという印象ですが、実際はどうなのでしょう。

今回「桜蔭学園　ＰＴＡ新入会員歓迎会」という、非公開の催しを取材させていただくこ

とができました。ＰＴＡ会員が、新入生と新入生の父母を歓迎するという主旨の会です。会場の講堂に伺い、２階席へ。静かな高揚感が漂っています。この会に招かれるのは、新入生の父母にとってはどんなパーティーのインビテーションよりも誇らしいことに違いありません。ＰＴＡ活動にも積極的に参加したくなりそうです。

会は第一部と第二部にわかれ、粛々と進行します。ＰＴＡ副会長の開会の辞、会長による歓迎の辞に続いて、齊藤由紀子校長先生による挨拶がありました。冒頭の「まずは、おはようございます、の時間でしょうか」という一言で、桜蔭という学校のすごさの片鱗を感じました。ただの挨拶でなく問いかけになっていて、生徒の考える力を伸ばそうとされているようです……。お話は、桜蔭の歴史について。関東大震災直後に、東京女子高等師範学校（現、お茶の水女子大学）の同窓生が、女性の教育のために私財をなげうって設立した学び舎だそうです。その崇高な意識が１００年近く経った今も連綿と受け継がれているようです。続いてお茶の水女子大学同窓会である桜蔭会会長のお話も、ダーウィンやウィリアム・ブレイクなどを引用した教養あふれる内容でした。この会の前半に参加しただけでかなりの教養を得られた感があります。

なぜなのか、5人中4人までがおでこ全開

第一部の後半は、各クラスから選ばれた5人の中1生による作文発表がありました。壇上に並んでいる5人は1か月前まで小学生だったとは信じられない落ち着きぶりで、微動だにせず立っています。すでにぶれない自分を持っています。皆さん知性あふれるメガネっ子で、さらに5人中4人がおでこを出していました。おでこと集中力は無関係ではないような気がします。そのおでこは光沢感というか艶があり、高いポテンシャルを感じさせました。細かくて恐縮ですが、分け目がピシッとまっすぐな女子も多く、決して道を踏み外さないような安心感がありました。

作文も、入学して2週間しか経っていないのが信じられないほどしっかりしていて意識が高い内容でした。1人目の方の作文は、3月下旬に祖父母と桜蔭の桜を見に行ったとき、桜蔭卒業生の娘さんのため桜を撮影している女性を見かけたエピソードについて。「桜蔭の桜を見るとこれからもがんばろうと思えるのかもしれません」と、その娘さんの気持ちに思いを馳《は》せていました。でも振り返ったらそのおばさんはいなかったとのこと。不思議な余韻が残ります。スピ好きとしては「霊では？」と邪推したくなってしまいますが……。

2人目の方の作文は、桜蔭に憧れたきっかけについて。小学校での討論は、「ポッキーと

トッポどっちが良いか」「裂けるチーズと裂けるグミはどっちが良いか」といったどうでもいい内容だったのが、桜蔭の文化祭で見た社会科部のディベートはレベルが全然違ったそうです。笑いも取りつつ、最後は「私も人を支えられる人になりたい」とまじめにしめくくられました。

3人目の方は、入学したばかりで緊張してクラスメイトに話しかけられなかった体験について。「朝、クラスメイトは静かに本を読んでいて、声をかけようと思ったけれど緊張して自分も本を読んでしまった」そうです。皆が朝から静かに読書する空間……他の中学ではなかなか見られない光景なのではないでしょうか？

4人目の方は、声が大きくてバイタリティーを感じさせました。桜蔭生の話の内容は普通にアイドルや流行りについてで驚いたそうです。オンとオフの切り替えがしっかりしているのでしょう。「世の中で活躍できるような立派な大人になりたいです！」という叫びが心に残りました。

5人目の方は、桜蔭の「礼」を重んじる校風に惹かれた、というお話。「礼法」の授業があるというのも有名です。所作を体得し、体幹も鍛えられるそうです。その体幹の筋力については、第二部でも実感させられました。

ダンス部のヒップホップ系のパフォーマンス。ダンス部は入場制限が出るほど人気だとか

桜蔭の人気の部活の発表を拝見し、集中力に戦慄

第二部は桜蔭でも人気の部活であるダンス部と合唱部による発表がありました。中1はまだ部活に入っていないので、中2～高3のお姉さん方による演目です。ダンス部は大人気で、文化祭でも抽選で入場が決まるほどだそうです。最初は優雅な曲に合わせて、ピンクのドレス姿の女子たちが舞い踊っていました。肩が出る衣装だったのですが、肩には人の甲斐性が現れると思っていて、桜蔭生の肩はこれからの日本を背負っていきそうな、頼りがいがある骨格をしていました。2曲目はがらっと変わって、なんとヒップホップ系でした。桜蔭でニッキー・ミナージュの曲を大音量で聴くことになるとは感

概深いです。上は赤いラメ、下は黒いパンツでキレの良いダンスを披露。皇族の女性がヒップホップダンスにハマるくらいなので、どこの女子校でも大人気なのでしょう。でも桜蔭の衣装は、黒いパンツもダボッとしていなくて、シルエットが細目で上品さを保っていました。ちなみにダンス部の部員たちも、髪をアップにしていておでこ全開でした。

続いて合唱部の発表です。「傘立てに」「怪獣のバラード」というリズミカルな曲を正確な音程で歌っていて、その声には清らかさだけではない落ち着きがありました。最後は桜蔭の校歌で、愛校心がこもっているようでした。

この合唱部の方々も、歌っていない時は動かずにピシッと立っていて、集中力と体幹力を感じました。中1の作文、そして上級生の発表などの端々に、桜蔭生の能力を感じて圧倒された歓迎会でしたが、帰り道、体をぶつけ合い、じゃれ合いながら帰る無邪気な中1の女子たちと一緒になって、心が和みました。でもそれも仮の姿。家に帰ったらスイッチが切り替わり、勉強モードになるのかもしれませんが……。

カトリック校女子球技大会の冷静と情熱

意外に球技も強かった、あの学校

先日、町田市立総合体育館で開催された「第60回　関東地区カトリック校女子球技大会」を見学させていただきました。カトリック校の球技というと、お嬢様が優雅にたしなまれているイメージですが、実際は想像以上に本気度の高い大会でした。決勝が行われる午後、会場の体育館に一歩入ると、女子たちのパワフルな声援で鼓膜が震えました。しかしさすが女子たちの集い。汗臭が全くしません……やはりここはサンクチュアリの結界が張られているようでした。「奪守鋭攻」「you'll never walk alone」など、知的なスローガンがプリントされたチームTシャツを着用した女子たちが行き交います。ちらっと会場を拝見しただけでも、エネルギーの渦に触れて生命力がよみがえるような体感がありました。

今回の顧問のお一人で、雙葉中学校・高等学校の校長であらせられる和田紀代子先生に、大会のあらましについて伺いました。

「関東地区カトリック校女子球技大会は、加盟校で競技ごとに行われていたのですが、今年は60周年なので町田市立総合体育館で決勝を行うことになりました。バスケットボール、バレーボール、卓球の３種目なのは、この競技はだいたいどの学校にも部があるからです。はじまったのは昭和34年。これまでの勝敗の結果はパンフレットに掲載されています」

雙葉 VS 田園調布雙葉の卓球の試合中、タオルを敷いてひざ立ちする雙葉生の女子力に感動

と、和田先生。パンフを拝見すると総合優勝の欄で一番多いのは「雙葉」。実は意外にも球技が強い女子校だったことが判明。

その実力は、卓球やバスケットボールなど随所に表れていました。決勝が始まる卓球の会場に行ったら、最終的に対戦するのは「雙葉VS田園調布雙葉」、ちなみにバスケットボールは「雙葉VS横浜雙葉」で、バレーボールだけは「静岡サレジオVS聖セシリア女子」でしたが、ほとんど「雙葉だらけの運動会」といっても過言ではありません。

卓球のシングルスの第一試合はかなりの接戦でした。田園調布雙葉の選手の鋭いレシーブに、最初押されていた雙葉の選手も途中から調子を上げて30分以上善戦を繰り広げ、僅差で雙葉が勝利。
ちなみに試合の合間に、他の部員が選手をうちわで扇ぎまくる、という風習があるようでした（なぜか雙葉は扇ぎっぱなしで、COOLな都会人風でした）。声援は激しくなりつつも品位が保たれていてさすがです。透明感のある声で「取れるよ！　大丈夫だよ！」「あと一本！」「いいよ～！」「ドンマイドンマイ！」などと叫んでいるのが聞こえました。また、雙葉の生徒たちはひざ立ちで応援していたのですが、全員ひざが汚れないようにタオルを敷いているのに、育ちの良さがにじみ出ていました。

表彰されても過度に喜ばない奥ゆかしさ

バスケットボールのコートもかなりの盛り上がりを見せていました。パスを回す人、シュートする人とそれぞれの能力を生かすポジションで力を発揮。機敏な動きで、たとえシュートを入れられても瞬時に気持ちを切り替えて、自分の持ち場に走ります。雙葉がリードしていますが、横浜雙葉がなんとか追いつこうとがんばっていました。バスケットボールは僅差で雙葉が優勝。

これまでの戦歴が刻まれた優勝カップ、そして賞状

ちなみに雙葉の球技の部活は上下関係が厳しくて、ベンチにいる生徒がピシッと姿勢良く座っているところからも規律正しさが窺《うかが》い知れました。「上級生が来るとすごい丁寧におじぎをしていて、私におじぎしているのかと思ったら先輩にだったわよ」と、和田先生は笑いを交えておっしゃいます。

聖セシリア女子と静岡サレジオのバレーボールの試合も盛り上がっていました。優勝した聖セシリア女子のバレーボール部員はほぼ全員ショートカット。女子校でモテまくっていそうです。そのオーラに圧倒され、対戦相手は負けてしまったのかもしれません。聖セシリア女子の先生は「ショートカットなのは単に暑いからじゃないですか?」とおっしゃっていましたが……。

カトリックのミッションスクールの品格は閉会式にも表れていました。それぞれの競技の3位までの順位が発表され、チームメイトや代表者が前に出て、トロフィーや賞状を受け取る、という一連の流れがあったのですが、名前を呼ばれた生徒たちが過度に喜ばない奥ゆかしさに感動しました。普通優勝や準優勝ともなれば叫んだりガッツポーズをしたりしそうなものですが、皆さん静かに前に出て、並んで礼儀正しくメダルをかけてもらったりしていました。それを見ている他の生徒さんたちも拍手してたたえます。負けても勝っても遺恨を残さない、女子校の処世術を見たようです。同じカトリック校同士、戦っていても根底には姉妹愛が流れているのかもしれません。この素敵な行事が100年後も続いているのを確信いたしました。

マニアックな普連土学園の文化祭

ストイックな中にもピースフルな空気

秋は文化祭のシーズン。なかなか足を踏み入れる機会のない女子校の内部を拝見できるチャンスです。今回は普連土学園中学校・高等学校の学園祭に伺いました。学園に向かう、聖坂という坂の名前にすでにサンクチュアリの気配が……。

校庭を挟んで中学と高校の校舎があり、居心地の良いアットホームな空気が漂っています。ミッション系の中でもクエーカー（キリスト教プロテスタントの一派）というかなり珍しい宗派で、その前知識のせいか学園祭のプログラムもいちいちマニアックに見えてきます。2019年のテーマは「Once in a Blue Moon ～一期一会～」だそうで、忘れられない一期一会になりそうです。

広報の先生に案内してもらいながら、まず中学の展示の部屋へ。中学ではクラスごとの展示で高校は有志が参加、その他にも部活や委員会単位で発表しているそうで、パンフを拝見するとまじめなものが多いです。お化け屋敷とかフィーリングカップルとか浮ついたものは見られません。普連土出身の知人が、チャラついた人は白い目で見られる校風だと話していたのを思い出しました。他校の男子の姿もほとんど見かけません。ストイックさがあふれる教室内展示は、港区の散歩、東北修学旅行、冠婚葬祭、手話、学園生活について、など。

普連土の学園生活についての中１の展示を拝見。その中で特徴的だったのは……

「沈黙の礼拝」

20分間沈黙を保ち、神と自分とのつながりを感じる時間だそうです。20分とはかなり長いですが、雑念が消えて集中力が増しそうです。

「収穫感謝祭」

全校生徒が一人一つずつりんごとみかんを持ってきて、講堂に飾ります。講堂にフルーティーな香りが広がる中、讃美歌422番を歌います。そのあと病院などに果物を寄付するそうです。献金の風習はあっても果物（しかも種類指定）を捧げるイベントは珍しいです。

また、放課後や休み時間についての生徒さんへのアンケート結果も模造紙に書かれていました。「昼休みは楽しいですか？」「楽しい39人　普通6人」という答えが正直です。クラスに一定数、冷静な人がいるのが伝わります。ちなみに放課後何をしているかという質問で、一番多い答えは「勉強」でした。まじめな校風を表しているようです。

ストイックな展示では、青年海外協力隊や赤十字などについて調べた部屋もあり、生徒さんが流暢な英語で活動報告していました。ローズホールで高2有志の劇を拝見したら、神社の呪いで手がつながったまま くっついた男女のストーリーでした。それを先生が見咎《みとが》めて「15やそこらで手をつなぐなんて」「不純異性交遊です」といった禁欲的なセリフがありました。もしかして生徒の価値観を反映していたり……？　先生に聞いたら「そもそもそんな男子と交友関係ない子が多いですよ」とのことでした。ちなみに学園祭パンフに「共学校よりも女子校の方が良いと思うところ」についてのアンケートもあり、1位は「男子の目を気にしなくていいところ」2位は「男子をめぐってのいざこざが無いところ」でした。この学校に漂うピースフルな空気の理由が少しわかりました。

独特のセンスで突き進む普連土生

まじめだけれど人気の部活が「Friends Fab」。レゴを使ってロボットを作りプログラミングして動かすという活動で、選ばれた生徒が大会出場のために海外遠征したことがあるそうです。ややソフトな話題を扱っていたのは、チェーン店（マックやスタバ、ロッテリアやモスなど）の人気について調査した中3のクラス発表と、平成と令和の流行の移り変わりについての中3の発表。驚いたのが現代の中3女子の好きな俳優ランキング。1位吉沢亮、2位新《あら》田真剣佑《たまっけんゆう》、3位がなんと阿部寛でした。元祖イケメンでもありますが世代が違うような……。普連土生のセンスは独特です。こちらの2教室は、教室内に手作りのインスタ映えするオブジェ（巨大なフライドポテトやフラペチーノ、平成という文字のバルーンの飾りなど）も置いていて今の時代を感じました。

校内では平成どころではなく、昭和時代同じ中学に通っていた同級生Hさんと再会。普連土で先生をしていらっしゃるそうです。やはり毎日10代と接しいろいろ吸収しているからか若さを保たれていました。校風を伺ったら、生徒さんは激しく反抗してくることはあまりなく、「普連土らしい」という価値観を大切にしているそうで、愛校心が強く基本的には平和なようです。それを実感したのは、校庭にいる先生を見ながら交わされた生徒さんの会話。「○○先生、脚長いね」「モデルになれそう」と男性教師に対してポジティブな会話が展開していました。こう言ってはなんですが自分が中高時代、先生（とくに男性教師）のことは他の同級生もたいてい、基本的に呼び捨てしていました。ほめたりすることもほとんどなかったような……。自分の当時のすさみ具合を反省しつつ、普連土生の性善説を感じました。

校庭では、人気のフォークダンス部のパフォーマンスが行われていました。牧歌的な曲で、各国の伝統の踊りを踊る笑顔の女子たち。中世のヨーロッパの小さな村の祭りに来たような錯覚に襲われました。後半、バンブーダンスも踊っていて、聞いたらフィリピンから来た英語の先生が40年前に教えた民族舞踊がそのまま定着したそうです。こちらもレアなジャンルです。

続いて理科部のロケット打ち上げが始まりました。え？　女子校の校庭の真ん中でペンシルロケットが？　シュールすぎる演目に、事態を脳で処理するのが追いつきません。と思っ

フォークダンス部は男役と女役にわかれて踊ります。笑顔がかわいいです

たら、前にいた上品な老婦人に突然振り向かれ「本当に良い学校よ。孫は無遅刻無早退無欠席なの」と告げられたり、カオス状態です。そんな中「高空低空飛行物体なし、発射台よし、3、2、1」というアナウンスがされ、発射する生徒に、ギャラリーの声援が飛び交います。シュー ッ! という音とともに天高くロケット発射。見た感じ数十メートル飛んだロケットもあり、歓声が上がっていました。普通の女子校では見ることのないシーンが続いていて、個性的すぎる学園祭。周りに惑わされず自分の道を極めれば、普連土生はあのロケットのように高く飛び立てることを確信いたしました。

吉祥女子の合唱コンクールのポジティブパワー

合唱コンクール……、青春のヴァイブスがほとばしる単語ですが、合唱の熱意やモチベーションを忘れて日々の仕事に追われる大人になってしまった今、この行事の名前を見ると懐かしさと憧れが呼び起こされます。

清らかな少女にしか出せない透明感

先日、「なかのＺＥＲＯ」ホールで開催された「第32回　吉祥女子中学　合唱コンクール」は、まさしく大人たちが忘れ去ってしまった大事な感情や一体感が凝縮されたひとときでした。今年で32回目の伝統あるコンクールです。ただ歌って終わりではなく、校長先生や音楽科の先生など審査員の方々が賞を授与することでさらに盛り上がるという、中学時代の一番の思い出になりそうな行事です。保護者の方々と一緒の２階席で見学させていただきました。

「合唱コンクールは一年の最後をしめくくる行事で、ここにいたるまでもめごとを乗り越え

コーディネートが楽しめるネイビーの制服。ニットで揃えるクラス、ベストにブラウスのクラス、チェックのスカートのクラスなど、それぞれ統一感がありました

て、クラスの団結力が強まります」と、広報部の綾部先生はおっしゃいます。中高生の練習にはもめごとがつきもの。悩むあまり部活の人間関係相関図を書いていた黒歴史が脳裏をよぎります。

そうしているうちに次第に1階席に生徒さんが集まって来ました。最初がやがやしていたのが「校歌斉唱」になると清らかな乙女の声で歌っていました。校歌で発声練習したあとは、いよいよ本番です。中1はいくつかの課題曲から選んだ一曲で、中2は全クラス「東京音頭」、中3は自由に曲を選べます。中2は毎年、日本の伝統的な曲を練習し、中3のカナダ語学体験ツアーの時に披露する、という羨ましい風習があるようです。

スムーズな入退場で、時間はほぼオンタイムで進行していました。コンクール委員の委員長、高橋さんの「朝、昼休み、放課後など少ない時間で練習してきました」「ご来場くださった全ての方々に楽しめる合唱コンクールになれば幸いです」という、しっかりした開会の言葉で始まりました。声が枯れ気味だったのに、激しい練習ぶりがうかがわれます。

吉祥女子中学はクラス数が多くて一学年6、7クラスという構成。中学3年全20クラスが、ステージ上で曲を披露していきます。声のボリュームがささやかなクラスから、元気がいいクラス、ワンチーム感があるクラス、感情表現が豊かなクラスなど、続けて聞いているうちに違いや個性が際立ってきました。共通しているのは、清らかな少女にしか出せない透明感です。背後の保護者席からも「すごいね」「やっぱり違うわ……」「ピアノうまいね」などと感想が聞こえてきます。保護者席は時には立ち見が出るほど人気だそうです。

吉祥女子ならではのポテンシャル

最優秀賞だった3年E組。「結 -ゆい-」という転調もあって難易度高めの曲を歌いこなしていました。少女の歌声の強みを生かした合唱でした。

吉祥女子の合唱コンクールの特徴だと感じた点について僭越《せんえつ》ながら申し上げると……

まず、

クラス紹介が個性的

というのが印象的でした。歌う前に、一言クラス紹介があるのですが、それぞれ気合いを感じさせるコメントでした。

「帰り道にふと思い出してもらえるようがんばります！」「勉強キライ。規律もキライ。……うちら失敗しないんで！」「眠い人の眠気も吹き飛ばして見せましょう！」「ありがとう2F！　ファイト！」「大坂先生のクラスですが東京音頭を全力で歌います」「音程、リズムが難しく、苦戦しましたが、がんばって練習しました」など、まじめなものから、ユーモアを感じる内容までいろいろでした。この最初の一言でもしすべってしまったら……その後の歌唱にも影響しそうです。

選曲のセンスが良い

中1と中2はだいたい決まっていますが、中1の課題曲の中には松任谷由実「やさしさに包まれたなら」や、さくらももこ作詞「ぜんぶ」、宮本益光作詞・信長貴富作曲の「夢見草」があったりして、最近の合唱曲の充実ぶりに驚かされます。中3の自由な選曲の中には、いきものがかり「ＹＥＬＬ」、ｍｉｗａの「結－ゆい－」、ＳＥＫＡＩ　ＮＯ　ＯＷＡＲＩ「プレゼント」など。どれも素敵な歌詞とメロディーで心の琴線が震えました。人気の歌手は合唱曲というジャンルでも稼いで……というか活躍していらっしゃることを今回このイベントで知りました。私の小学校・中学校時代だと「翼をください」ばかり歌わされていた記憶ですが……。今は名曲がたくさんあって良い時代です。また、ミッション系の学校では讃美歌やハレルヤなどを歌いますが、高次元すぎて感情移入する感じではありません。でも、このコンクールで歌われた合唱曲は、より10代の心情に近いので、思い出と結びついて、一生の宝物になりそうです。講評の時、音楽の小川先生が「心にひびくハートフルな選曲」と称していらっしゃいました。

また特徴として、

応援がエモーショナル

というのにも驚かされました。合唱の後に、コーラスクラブが「パプリカ」「証」などをステージ上で披露したのですが、合唱団の面々が登場したとき、客席からすごい声量で応援が！　もはや音の集合体で圧が強すぎて何を言っているのかわかりませんが、出演者の名前を叫んでいるようです。あとで中３の生徒さんに聞いたら「応援の気持ちで友達の名前を叫

休み時間が告げられると皆さん喜びをほとばしらせていました。アルプス一万尺をする女子や抱き合って感動を分かち合う女子たちなど……

びます」とのことでした。そして「パプリカ」を歌っている時は、客席の半数くらいが踊っていました。パプリカブームの波はここにも……。パワフルな応援は、世代的なものなのか、それともこの学校の特徴なのかわかりませんが、一体感が半端なかったです。共感力が高い女子の特質を表しているようです。

ハイブリッドな器用さ

休み時間のにぎやかさから一転、合唱になるとピュアで可憐《かれん》な歌声になっていて、その器用さ、オン・オフの切り替えにも驚嘆。休み時間のとき、2階席から見ていると、手を叩いて笑ったり叫び声を上げたり、指揮者ごっこで遊んだり、親御さんに手を振ったりしていて無邪気な感じでした。高速アルプス一万尺をして遊んでいる女子たちもいて、昔から変わらない姿に感じ入りました。でもそんな彼女たちもコンクールが始まると席で静かに聞き入っていました。

感動の3時間はあっという間で、最後に最優秀賞、優秀賞、審査員特別賞、指揮者賞が発表されました。どのクラスも聞いていて納得のレベルの高さ。最後に、最優秀賞と優秀賞のクラスの指揮者さんに話を伺いました。

まず、出演していて受賞の手応えを感じたのか聞いてみると……

「結構良かったな、と思いました」（中1F　前林美貴さん。曲は「夢見草」）

「もしかしたらとれたかな、くらいの感じでした。客席の反応が良かったです」（中2A　清水依莉菜さん。曲は「東京音頭」）

「正直、取ったな、って思いました」（中3E　吉川咲環さん。曲は「結 -ゆい-」）

と、指揮者のカリスマや自信、入賞の素直な喜びを漂わせる3人の女子たち。ちなみに、練習していく中で、誰々が練習に出ないとかもめごとがあったりするのでしょうか？

「私のクラスはすんなり今日まできた感じです」（前林さん）

「全くもめなくて平和でした」（清水さん）

「私のクラスはとてもいいクラスで争いとかバチバチすることもなかったです」（吉川さん）

と3クラスともピースフルな雰囲気だったようです。それが曲のハモリ具合や調和やまとまりの良さとして表れていたのでしょう。吉祥女子から世界平和が広がっていくような、そんな未来の希望を感じました。

玉川聖学院の最先端オンライン授業の現場

オンライン礼拝だと部屋まで学院長が来た感じ

2019年末以降、瞬く間に世界中に広まった新型コロナウイルス感染症。全国の学校が長らく休校になり、生徒さんたちの学ぶ機会が失われたことを老婆心ながら案じておりました。2020年6月からは徐々に学校が再開となりましたが、その間はどうなっていたのでしょう。いち早くオンライン授業のシステムを取り入れた玉川聖学院中等部・高等部に取材に伺い、話を聞くことができました。世の学校がこんなシステムを持っていたら、これから第二波、第三波が来ても学び続けられると、安心材料が得られました。

玉川聖学院では、早くも高等部は4月13日から、中等部は4月23日からオンライン授業をスタートできたそうです。それを可能にしたのは5年前にすでにネット環境の下地ができていたから。2015年に高等部の生徒に1人1台iPadを持たせる計画がスタート、それと同時にWi-Fi環境を整備。学校では導入しているところが少ない、本格的なCiscо社のWebexシステムを採用したそうです。姉妹校とのやりとりに活用されていたシステムが、コロナ禍で役に立ちました。

ICT（情報通信技術）にくわしい先生を中心にプロジェクトチームが発足し、全教職員がウェブで授業を行えるようにマニュアルが作成されました。分散登校が可能になった6月以降は、登校日以外の生徒さんは家でオンライン授業を受けているそうです。これで学習の遅れも抑えられて本当に良かったです。

実際に校舎を回って今の状況を拝見させていただきました。朝8時すぎ、大きめの谷口ホールには高2の5クラスの生徒さんが集まっていました。講堂の壁にはWi-Fiの無線を飛ばす機械が4つ設置。ステージの机の上にはパソコンが置かれ、そこから各家庭の生徒さんに向けて礼拝を放映します。担当されたのは話術に定評がある安藤理恵子学院長。礼拝は讃美歌から始まりますが、このご時世なので歌わず、心で讃美する形に。自宅から見ている人は部屋でひとりで歌えます。お祈りに続いて、今回の聖書の箇所はルカによる福音書の一節で、イエス・キリストが悪霊を追い払ったり、熱にうなされた老女を救うという場面でし

谷口ホールにて、心で歌う讃美歌。教職員が歌った音源が流れているのでそんなにさびしくありません

た。イエス・キリストが熱を叱りつけたら熱がひいた、という聖書の記述に、もしかしてウイルスも叱りつけたら出ていってくれるのではないかと一縷《いちる》の望みを抱きました。

「今は生徒は皆マスクをしていて、表情がわかりにくいのでちょっと話しづらいですね」と、礼拝を終えた安藤学院長はおっしゃっていました。お互い目しか見えていない状態なので、生徒さんの目の輝きで集中度を察知するしかありません。

「オンラインの礼拝は画面に集中できるので、センシティブな話題でも素直に受け止められるかもしれません」とのこと。目の前の画面に学院長が映っていると、部屋に来てくださったようなありがたい感じもします。

あとで改めてオンライン礼拝について学院長に伺うと、「聖書の言葉が助けになっていると信じています。3月4月はどうなるんだろうという空気感がありましたが、リモートで働きかけることで、よりどころはここにあるよ、と伝えることができて良かったと思います」と、おっしゃっていました。家で毎日讃美歌を聴くことでも、不安を軽減できそうです。

やはり本物は「教育系ユーチューバー」とは違う

教室を回ってオンライン授業を見学。生物の授業では男性教師が魚の産卵について講義していました。画面の中にプリント的な説明文も表示できます。画面の上には自宅から聴いている生徒さんたちのオンライン映像が並んでいました。これでまじめに聞いているか一目瞭然です。ネット環境があまり良くない生徒さんは顔は出ない設定になっているそうです。

続いて英語の授業。先生がパワーポイントを駆使し、問題文の空欄に答えが出てくるようなアニメーションの演出をされていてわかりやすいです。編集作業は大変そうですが……。隣の部屋では習熟度が違う英語のクラスをオンラインで行っていました。教室に誰もいなくても、通常の授業と同じテンションでパワフルな発声で講義する先生。その熱意はきっと電波で届いています。別の教室でも英語の授業を行っていて男性教師がコアラの生態について

保健体育の授業では、実際にこのようにｉＰａｄに映し出されています。かなり画像がクリアです

熱い口調で語っていました。社会の授業では、インドとパキスタンとバングラデシュの関係について解説。画面に国旗を映して、生徒さんを当てて「インドの国旗はどちらでしょう」などと問題を出していました。それぞれ先生方は教え方を工夫しています。この授業で、インドの国旗のオレンジはヒンドゥー教、緑色はイスラム教を表すことを知りました。物理の授業では少数精鋭の生徒に向けて、電気の回路について授業。先生がｉＰａｄに直接書き込むとすぐ画面に反映されて便利です。保健体育の授業では、ちょうど第二次性徴の体の変化について講義していました。精巣や月経といったワードが聞こえてきます。周りの反応が気になる繊細なテーマなので、部屋でひとりで授業を受けられるの

は良いかもしれません。

授業を終えた生徒さん2人に少し話を聞かせてもらいました。「私はスマホで見ていますが見づらいと思ったことはありません」「眠くなることもないです」と、オンラインでも問題なく受講できている様子。いっぽう、「家の中だといろんな音が混ざるので教室の方が集中しやすいです」「学校に行った方が友達もいて楽しいです」とのことで、やはり心の中では前のように登校したいという思いがあるようでした。コミュニケーション力や社会性を養うにはやはりリアルな学校生活がベストです。ただこの時期のオンライン授業も、振り返ってみれば貴重な体験となることでしょう。

一瞬聞いただけで後ろ髪を引かれるほど、どの授業も興味深かったです。外出自粛中、「教育系ユーチューバー」の動画を結構見ていたのですが、上から目線の口調が伝染しただけでした。やはり本物の教師はレベルが違うことを再確認しました。学校内だけでなく外部に公開してほしいくらいです。

授業を受ける生徒さんの様子について先生に話を伺いました。けじめをつけて家でも制服姿で授業を受けている人もいるそうですが、オンラインに慣れてくると、生徒さんもリラックスムードに。画面を非表示にしてどこかに行っちゃう人、お菓子をこそっと食べている人、下半身が部屋着のショートパンツの人、ぬいぐるみを抱いている人、そして唐突にペット紹介が始まることも……。画面にモコモコしたものが見えたと思ったら犬だったり、手の上のハリネズミをずっと撫《な》でている人もいたそうです。大人でもストレスや不安が多い日々、そうやってリラックスしてオンライン授業を受けられる生徒さんの姿にポジティブな可能性を感じずにはいられません。ハイブリッド授業で進化した人類が生まれる予感です。

同志社女子で女子校の空気を満喫

「京都人」のブランドがあれば、別学、共学は気にしない？

京都御所の真横に建ち並ぶ、煉瓦《れんが》の校舎。前にこの校舎を見かけてから、同志社女子中学校・高等学校に憧れの気持ちを抱いていました。今回、はじめて今出川キャンパス内を見学し、夏休みで部活動中の生徒さんの姿を垣間見ることができました。

入ってすぐのところにあるのはクラシカルな栄光館。全校生徒が集まれる講堂もあります。壇上の紫色の緞帳《どんちょう》が目を引きますが、同志社のスクールカラーの一つ、ロイヤル・パープルでしょうか。立派なパイプオルガンもあり、名門女子校の品格が漂います。でも広報の吉田先生に伺うと、京都は別学がどんどん減っていって共学化しているとか。女子校にいたっては中学は7校、高校は8校しか現存していないそうでもったいないです（2020年10月現在）。希少な同志社女子がいつまでも存続してくれることを祈ります。もしかしたら、京都の人は私立女子校、男子校といったブランドがなくても、そもそも「京都人」という強いブランド力があるから学校の形態にはこだわらないのかもしれません。

「同志社女子のメリットは同志社大学や同志社女子大学に進めるということ。それから最高の立地です。創立者の新島襄先生はよくこの土地を見つけてくださいました」

と、吉田さんがおっしゃるとおり、京都御所と山に囲まれた最高のロケーション。希望館という新しい校舎の屋上に上ったら、比叡山や大文字焼きの山に囲まれていてかなり癒やされる眺望でした。東京の学校はだいたいビルしか見えません……。ここからは大文字焼きなど、五山送り火のうち四つの山が見えるとか。五山送り火は厄払いのご利益があるそうで、生徒の厄除《やくよ》け運気アップに寄与していそうです。ただ屋上はトンビやカラスが食べ物を狙って襲撃してくる可能性があるので飲食は禁止だとのこと。でも、屋上以外にも食堂や生徒が座れるフリースペースが各所にあり、吹き抜けもあって明るい光にあふれています。教員室に面したスペースでは自由に自習したり、聞きたいことがあったら窓から先生に質問できるそうです。地下一階の図書室もかなり広くて、ソファまでありました。新しい本コーナーには『徳川家康』『日本のすがた』『読売年鑑』『知ろうAIというプログラム』といったまじめな本が。図書室に続く階段のコーナーには、同志社大学の創立者、新島襄先生が鎖国中にひそかに乗り込んだ船の模型が展示されていました。生徒たちに挑戦する勇気を与えてくれるオブジェです。

「密やで!」、フレンドリーすぎる部員たち

校舎内を歩いていたら、どこからともなくマンドリンやギターの音色が聞こえてきました。先輩が手拍子して、部員が音を合わせて練習し、適度な緊張感が漂っています。デジャヴュを感じたのは、私が中高マンドリンギター部だったからでしょうか……。かつての思い出と比べると、同志社女子のマンドリンクラブはかなりレベルが高い気がします。宗竹庵という和室では箏曲部がお琴を練習して雅《みやび》な雰囲気でした。

今回、見学させていただいたコミッククラブは、音楽関係の緊張感とは真逆の自然体でリラックスした空気。東京からの見学者も自然に受け入れてくれました。部長の生徒さんに話を聞くと、コミッククラブは年に2回同人誌を出していて、提出さえ守ってくれれば出席は

最初は静かに絵を描いていたコミッククラブの部員さんたち。次第に密な感じに……

自由とのこと。そのため幽霊部員になる人も多いそうですが、「気が向いたら来てくれたら良いです」と寛大な部長さん。上下関係もそんなに厳しくないというか、タメ口でフレンドリーに会話しているような……。

「うちの部はユルいですが、体育会系と音楽のクラブは先輩後輩の関係が厳しいみたいですよ」と部長さん。

次第に部員の皆さんはくっついたりじゃれ合ったり、女子校っぽいスキンシップがうずまいていました。

「密やで！」と顧問の先生が時々声をかけます。

「コロナの前からですが、気づいたらひっついてる。すぐベタベタするんです。前は共学で働いていたんですが、共学の女子は全然くっつかなくてギャップに驚きました。膝に3人くらい積み重なってる時もありますよ」

「この学校は密度が高いですね。抱きつく、膝に乗る、膝に乗せる、おんぶする、手を繋《つな》ぐ、それから踊る……」

「椅子を半分わけて座ったり。お尻が痛くなります」と副部長さん。

見ていると後ろからバックハグしたり、髪を触ったり、追いかけっこしたりと無邪気にスキンシップしています。女子校の生徒にソーシャルディスタンスはムリかもしれません。そして急に握手した2人がいたので何かと思ったら、

「解釈が一致したら握手します」とのこと。好きなものが一致した時などに握手するそうです。一時的なスキンシップの波がおさまると、今度は皆まじめに白い紙に向かって絵を描き出したり、バイオリズムが一致しているようです。そんな空間にお邪魔して一体感に浸っていると女子校時代にタイムスリップしそうです。

恋愛事情が絡まない女子だけの環境

コミッククラブの部長さんに、スクールライフなどもちょっと聞くことができました。

京都は女子校がどんどん少なくなってしまっていますが、あえて女子校を選んだ理由はというと……

「恋愛事情が絡まない女子だけの環境が良いと思ったんです。小学校の時はカップルがポン

ポンできてポンポン別れてた。その幼い恋愛の感じが好きじゃなかったんですよね。あ、私は特に彼氏はいなかったです」

今どきの小学生は早熟です。私の頃は交際なんて聞かなかったです（せいぜい、好きな子のたて笛をなめるプチ変態な人が時々いるくらい）。部長さんは、まじめな志望理由は「図書館がすごい広くて憧れていました」とのこと。

そして、晴れて入学した同志社女子は平和で居心地が良いそうです。いじめ的なものも「見たことないです」とのこと。

「嫌いな人とは関わらなければ良いので。ヤバい奴《やつ》は一定数いるけど関与しないようにしてる」

高2にもなると精神的に大人です。

でも、この部活の空間では、皆さん仲良くて、人間関係も円満そうです。黒板には、創造力あふれるキャラのイラストが描かれていました。翼の先が指になっている鳥、にんじんと合体した人間、そして放物線やルートにかわいい顔を描いた「放物線ちゃん」「ルートくん」といったキャラまで。自然に囲まれた素晴らしい環境では発想力も豊かになるのでしょう。

「しょせん放物線やねん！」と突っ込みを入れる女子。ここは関西だと気づかされました。

次第にカオスになり、「推しに21万使った」「ミス・クレイジーだね」「おまえの趣味嗜好やばいねん」「心の中で動物を飼ってる」といった会話の断片が聞こえてきます。そのテンポの速さになかなかついていけません。

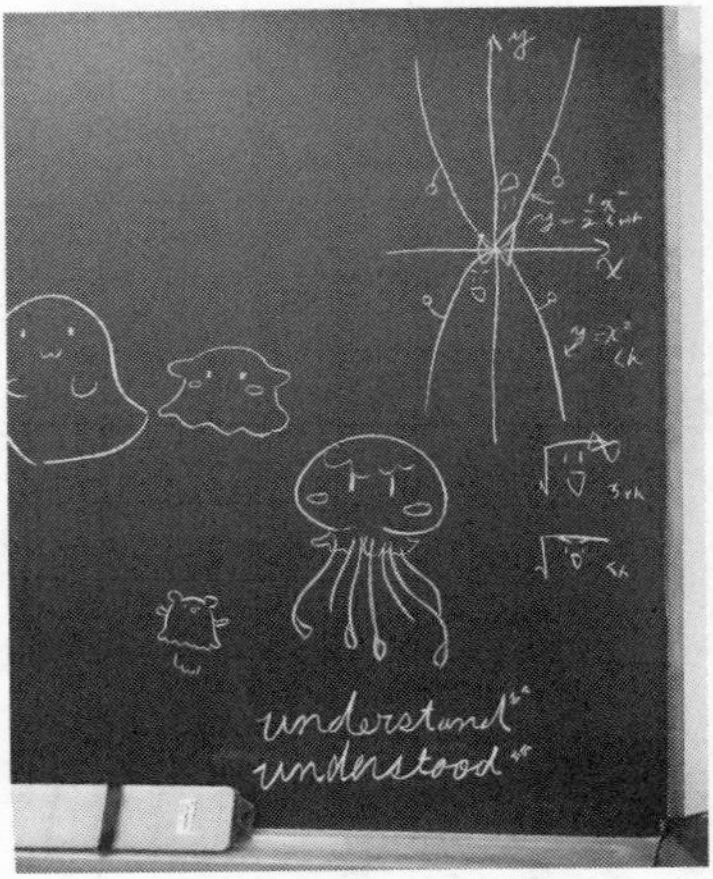

コミッククラブの理系の部員さんによる、放物線とルートのキャラ。上から「放物線くん」「放物線ちゃん」「ルートちゃん」「ルートくん」だそうです

「まだ今日はおとなしい方ですよ」と、先生。

「この部は、良い意味でも悪い意味でも深遠な人が集まっています」という部長さんの言葉に、同志社女子の底知れぬポテンシャルを感じました。

女子校の生徒たちは、適度なふれあいによって、お互いが敵ではなく味方なのだと体で覚えるのかもしれません。そんな環境で身に付けた、同性への理解力や好意は、社会に出てから大きな武器になることでしょう。

60年代に母も通った白百合学園を訪ねて

生徒のルックスの良さは業界人の折り紙付き

1881年に創立した伝統あるカトリックのミッションスクール、白百合学園中学高等学校。設立母体はシャルトル聖パウロ修道女会で、一人ひとりを大切にする教育を実践しています。こちらの学園には縁があり、亡き母が通っていた女子校なのでいつか訪れてみたいと思っていました。今回、母と一学年違う同窓生の方をご紹介いただける機会に恵まれ、卒業アルバムも拝見させてもらうことができるとのこと。母に聞いた白百合の思い出話は、「シスターが厳しかった」「でもシスターにいたずらして怒られた」など、そんなに多くないのですが、当時の話を聞いて60年代の女子校生活に思いを馳せたいです。

マリア様の像やジャンヌ・ダルクの像が見守っている校舎に足を踏み入れると、聖域のような空気が漂っていて、いるだけで邪気が抜けていくのを感じます。副校長の田畑先生と、白百合でずっと国語を教えていらした卒業生の関口先生に話を伺いました。関口先生は産休の先生の代わりに再び白百合で教えられるそうで、人生のうちの大部分を白百合で過ごされ

聖堂のマリア様はフランスから贈られた像。悪の象徴である蛇を踏みつけています

たというお方。

「とても良い学校だと思います。生徒もみんなかわいくて、優しい生徒が多いです」

かわいいというのは、性格や言動、雰囲気だけでなく、見た目も入るそうです。業界の人によると、白百合は見目麗しい生徒が多いことでも有名だとか。

「テレビでアイドルグループを見ても、このくらい、うちの生徒はいっぱいいます、と思ってしまいます」と、関口先生。

ではタイムスリップして、母が在学していた1967年の卒業アルバムを開かせていただきます。ざっと拝見するだけでも、目鼻立ちが整って知的なお嬢さんが多いような……。驚いたのはメガネ率の低さです。クラスに数人しかメガネの人がいません。

「ゲームもスマホもないし、視力がそんなに落ちていなかったんだと思います」と、関口先生。たしかに最近はデジタル系のデバイスから入る情報量が膨大で、現代人はかなり目に負担がかかっていてメガネ率も高いです。

卒業アルバムに見つけた母はゴージャス体験をしていた

そんな中、「百合組」の中に旧姓で載っている10代の母を発見。すごくまじめそうな、和顔の少女でした。他の部活や学校生活、修学旅行の写真のページにも母がいないか探したのですが、モノクロということもあってなかなか集団から見つけるのが難しく……。母がぼっちではなかったことを祈ります。関口先生によると、高校の修学旅行の行き先は北海道だったとか。

「寝台特急に泊まって行ったので12泊11日。すごく贅沢な旅でした。お昼は毛ガニとか。中学の修学旅行も当時は学校としては珍しく、新幹線で関西に行きました。駅で注目を浴びていましたね」

そんなゴージャスな経験を10代の母がしていたとは。質素倹約のイメージしかなく、北海道旅行の話も聞いたことがありませんでした。

生徒さんもお金持ちのお嬢様が多かったのでしょうか（私の祖父母は庶民でしたが……）？

「議員さんや社長さんお医者さんのお嬢さんが多かったですね。私の家は普通のサラリーマンで、中1で親友になった子が銀行員の娘さんで、生活レベルが合ったということもあり、仲良くしていました。他の子は、当時でおこづかい5000円とか1万円もらっていて。私は1か月500円でした。校内の自販機で売っているファンタのオレンジ味とグレープ味を買って、親友と『この線までね』と半分ずつ交換して飲むのが楽しみでした。同級生に10円貸してなかなか返ってこなかったので『返してちょうだい』って言ったら『えっ?』って言われたことも。私にとっては貴重な10円でした……」

と親近感を覚えるエピソードを教えてくださった関口先生。たぶんうちの母も同じくらいの(もしくはもっと厳しい)経済感覚だったと思います。(私は子ども時代、年に1、2回しかジュースを飲ませてもらえませんでした……。)ちなみに1967年当時の大学初任給は2万6200円。おこづかいの金額がどれほど大きかったかわかります。

「校内のパン屋で一番安いブリオッシュが10円。一番高いアップルリングが60円しました」

と、驚異の記憶力を持つ関口先生。

ところで卒業アルバムを見ると、みなさんおでこを出したスタイルなのが気になります。

「私の頃はしつけや規則が今より厳しかったんです。今は時代につれて変わってきましたけど、当時は前髪を切ってはいけない、という規則がありました。私は真ん中わけでずっとお下げにしていました。カールやパーマも禁止です」

たしかに前髪があると気になって勉強の妨げになったり、色気づいて学業がおろそかになってしまいそうです。

「とにかくおしゃれに気を使うな、ということではないでしょうか。お化粧も禁止。私はかなりまじめな方だったんですが、ある時親友がもみあげの髪をカールさせていて、ショックで思わず『なんで規則違反するの!?』とクルッとしている髪の毛をハサミで切ったことがありました。親友にはいまだに言われます」

なんで規則違反するの!?
シャキン!
と、おもむろに親友のカールさせた髪を切った関口先生。
学園の平和は保たれました

そんな事件があっても続く女の友情が素晴らしいです。思えば母もかなり厳しく、少しでも色気づくことを禁じられていたので（TVドラマは禁止で、週刊誌の性的なページは黒塗りかホッチキス止め）、もしかしたら校風の影響もあったかもしれません。

「身だしなみだけでなく、言葉遣いについても厳しかったですね。今の若い子はボキャブラリーが少なくて、女の子なのに男の子みたいな言葉を使ったりしますが……。私が通っていた頃は『あら、ごめんあそばせ』

『お兄様が……』『〇〇ことよ』なんて話し方の子もいましたから。挨拶は『ごきげんよう』。ありがとうやごめんなさい、の代わりに『恐れ入ります』という言葉も使っていました」と、関口先生。

深窓の令嬢の世界観です。校舎内で先生に対して「ごきげんよう」と挨拶している生徒さんがいたので、ごきげんようの伝統は続いていて素晴らしいです。

また卒業アルバムを見てまじめで賢そうな女子が並んでいるのは、当時白百合がかなりの難関校だったこともあるようです。

「私の頃、女子御三家は雙葉、聖心、白百合だったんですよ。今人気の桜蔭や女子学院はまだまだ台頭していなかったです。私は受験する時、女子学院を滑り止めで受けようか迷っていました」とのことで、今の御三家も安泰ではいられません。そういえば母が、私が中学受験で女子学院を第一志望にしたいと言った時、渋い顔をしていたのは、当時の価値観を思い出していたのかもしれないと思いました。

また、母のことでよく覚えているのは、掃除は基本苦手で物が雑然としていたのに、床はよく磨いていた姿です。白百合は掃除を重視していたのでしょうか。

「放課後、教室やお手洗いを教員と一緒に丁寧に掃除しています。今はコロナの影響で生徒が掃除をできないので、自分の身の回りを消毒するくらいになってしまいました」と、田畑先生。

マ・スールの尊称で親しまれる修道女の先生

「私の頃は、マ・スール（修道女の先生）がフランス仕込みの掃除を教えてくれました。木の床にワックスを塗ってそのあと乾拭《からぶ》きするんです。ぞうきんを床に置いて上履きで乗って拭くのですが、それが合理的なフランスのやり方だったみたいでした」

白百合にはマ・スールと呼ばれる修道女の先生がいらっしゃって（マは尊称）、60年代当時は若いマ・スールもたくさんいらして授業を教えていたそうです。卒業アルバムを拝見すると、十数人くらいシスターの写真が載っていてありがたい感じです。

「厳しいマ・スールもいれば優しいマ・スールもいました。いたずらをしても怒らなさそうなマ・スールにいたずらをしたことはありましたね。チョークで汚れた手を先生が拭くためのお手ふきを教卓に用意するのですが、中に毛虫のおもちゃを仕込ませたり。ドアの上に黒板消しを挟んだこともありました。全員で一斉に机を揺らして『地震だ！』と脅かした時は、電灯の紐をゆらす係までいたんですよ」

しつけは厳しくてもアットホームな空気が伝わってきます。今の校内の雰囲気はどんな感じなのでしょう。田畑先生に案内していただき、広大な地下の体育館や洋書が充実している図書館、荘厳な聖堂などを見学。名門校のヴァイブスを吸収させていただきました。

そして、高校三年生が数学の補習授業を受けている教室にもおじゃましました。

「白百合はお嬢様学校ですよね？」という素人な質問に「全然お嬢様じゃないですよ」と屈託なく返す女子たち。

「いつもごきげんようって言ってますか？」

「『ごきげんよう』は、普段は外では使わないですね。間違えてマンションの管理人さんや塾の先生に言ってびっくりされたことはありました」

きっと言われた人は、一生思い出に残る嬉しい瞬間だったと思います。突然、祝福されたような……。

教室をあとにする時、本当は「ごきげんよう」と挨拶したかったのですが、言えませんでした。「ごきげんよう」は付け焼き刃では出てきません。白百合での教育のように、長い年月かけて培われる品格なのだと実感しました。

おわりに

最近の女子校事情について、時々個人的な経験を入れせていただきながら綴ってみましたが、いかがでしたでしょうか。

神戸女学院在学中の思い出を伺った取材の打ち上げで、女子校出身者の兼桝さんと山田さん、そして読売新聞社で担当してくださっている佐々木さんと飲食店に行ったときのこと。気づいたら男性ひとりを置き去りに、女子校出身者3人で、女子校での男役と女役、ストリップのおもしろさ、BL（ボーイズラブ）の萌えについて、といった話題で盛り上がりまくってしまいました。楽しくてやめられず、何歳になってもこれが女子校のノリなのかもしれない、と感じました。奇遇にも、兼桝さんと山田さんは女子校で男役っぽい役割で人気だったそうで、そんなモテていた方2人と同席できたことも感慨深かったです。女子校ではなんとなく男役と女役にわかれがちですが、女性が集団でいると、その場で脳の男女比率のバランスを取ろうという働きが起こり、脳が感応し合う、という説を読んだことがあります。その場でリーダーシップを発揮できる男性脳の女子が生まれるとか。それが男役になってカリスマ人気を集める、という流れなのでしょうか。女子校で過ごすと、脳が臨機応変にスイッチングできるようになるのかもしれません。色気が足りないと言われたら、自分の脳の可能性を信じて女モードにレバーを押して切り替えると良さそうです。そんなことを考えつつ、打ち上げのひと時を過ごさせていただきました。

そして走馬灯のように、これまでの数々の取材のシーンが脳裏を流れていきました。今、感染症対策で、以前取材させていただいた学校行事がその後開催しにくくなってしまっている現実を思うと、心苦しいです。私立校も学校が休みになったり、リモート授業になっていた期間もありました。でも、女子校の生徒さんたちはこの難局を強く生き抜いて、未来の日本を支えてくれる人材に成長していくに違いないと期待しています。

最後に、この度は、取材させてくださった方々や、学校関係者の方にはこの場を借りて心から御礼申し上げます。親が教師だったもので、学校に取材に行くと不思議と居心地が良かったです。そして読売新聞「中学受験サポート」で担当してくださった佐々木さんと小野寺さん、中央公論新社の新書ラクレの担当の兼桝さんにも本当にお世話になり、ありがとうございました。そして読んでくださった読者様におかれましても誠にありがとうございました。女子校との出会いが素敵なものになることを祈っています。

２０２０年10月10日

辛酸なめ子

本書は読売新聞オンライン「中学受験サポート」の連載コラム（２０１７年12月18日～２０２０年９月30日掲載分）を加筆修正したものです。

書籍化にあたり、「辛酸なめ子さんが語る　実はとてもピースフル　女子校出身者の〝トリセツ〟。」（「anan」２０１５年３月４日号掲載・マガジンハウス）、「辛酸なめ子がいく　東京のお嬢さま学校探訪記 in 学習院女子中・高等科」（「別冊太陽　太陽の地図帖　一条ゆかり『有閑倶楽部』を旅する」掲載・平凡社）を収録しました。

ラクレとは…la clef=フランス語で「鍵」の意味です。
情報が氾濫するいま、時代を読み解き指針を示す
「知識の鍵」を提供します。

中公新書ラクレ
705

女《じょ》子《し》校《こう》礼《らい》讃《さん》

2020年11月10日発行

著者……辛酸《しんさん》なめ子《こ》

発行者……松田陽三
発行所……中央公論新社
〒100-8152 東京都千代田区大手町1-7-1
電話……販売 03-5299-1730　編集 03-5299-1870
URL http://www.chuko.co.jp/

本文印刷……三晃印刷
カバー印刷……大熊整美堂
製本……小泉製本

Published by CHUOKORON-SHINSHA, INC.
Printed in Japan　ISBN978-4-12-150705-1　C1236

中公新書ラクレ　好評既刊

L690
街場の親子論
―父と娘の困難なものがたり
内田　樹＋内田るん 著

わが子への怯え、親への嫌悪。誰もが感じたことのある「親子の困難」に対し、名文家・内田樹さんが原因を解きほぐし、解決のヒントを提示します。それにしても、親子はむずかしい。その謎に答えるため、1年かけて内田親子は往復書簡を交わします。微妙に嚙み合っていないが、ところどころで弾ける父娘が往復書簡をとおして、見つけた「もの」とは？　笑みがこぼれ、胸にしみるファミリーヒストリー。

L699
たちどまって考える
ヤマザキマリ 著

パンデミックを前にあらゆるものが停滞し、動きを止めた世界。17歳でイタリアに渡り、キューバ、ブラジル、アメリカと、世界を渡り歩いてきた著者も強制停止となり、その結果「今たちどまることが、実は私たちには必要だったのかもしれない」という想いにたどり着いたという。混とんとする毎日のなか、それでも力強く生きていくために必要なものとは？　自分の頭で考え、自分の足でボーダーを超えて。あなただけの人生を進め！

L704
大学とオリンピック 1912-2020
―歴代代表の出身大学ランキング
小林哲夫 著

日本のオリンピックの歴史は大学抜きには考えられない。戦前、オリンピックの精神として貫かれたアマチュアリズムに起因し、両者の親和性は極めて高い。実現には至らなかった1940年東京大会では、構想から大学が深く関わった。戦後、企業スポーツ隆盛の時代へと移ってもなお、大学生オリンピアンは不滅だ。1912年大会から2020年東京大会までを振り返り、両者の関係から浮かび上がる、大学の役割、オリンピックの意義を問う。